はじめに

　本書は、知的障害のある人が、福祉サービスや医療費の補助制度、年金や手当などお金に関する制度を、勉強できるように、工夫して出版しました。なるべく短い文章でわかりやすく制度を説明したり、目で見てわかるように、イラストをたくさん使ったりしています。

　しかし、短い文章で制度を解説していますので、どうしても細かい部分がもれてしまいます。もし、この本で興味のある制度が見つかったなら、くわしく調べてみてください。

　障害のある人を取り巻く環境は、今も大きく変化しています。特に、2022年に公表された国連の「障害者権利条約」の日本に対する総括所見（権利条約の内容が進んでいるかどうかのチェック）では、障害福祉サービスや成年後見制度、あるいは障害基礎年金のことなどについて厳しい勧告（要請）が示されました。

　これを受けて現在、たとえば成年後見制度に関しては、大幅な改正が話し合われています。障害福祉サービスのあり方も見直しが進められることでしょう。そうすると、また新しい法律や制度ができたり、サービスが生まれたりするかもしれません。今までのルールが大きく変わるかもしれませんね。

　障害のある人が困ったときに助けてくれる制度やサービスは、できるだけ簡単で面倒な手続きをせずに使えるのがよいと思いますが、今のところは制度やサービスが細かくわかれているので、内容を知っているほうが早く困りごとを解決できます。

　いつか本書のような、制度の解説をする本がなくてもいい日が来ることを期待しています。その日が来るまでは本書で、複雑な制度を簡単に、難しいサービスをわかりやすく、お伝えしていきたいと思います。

2024年6月

又村あおい

目次

はじめに……1
この本の特徴……4

PART 1 障害者手帳について知ろう……5

障害者手帳は何のためにある？……6
療育手帳は知的障害があることを証明する手帳……8
療育手帳をもらうには、どうすればいい？……10
療育手帳で受けられる割引……12
障害者手帳について注意すること……14

[コラム❶]
「医学モデル」と「社会モデル」……16

PART 2 お金のことについて知ろう……17

障害年金や福祉手当とはどんなもの？……18
障害年金にはどんな種類がある？……20
受け取れる障害基礎年金の金額……22
障害基礎年金の手続きのしかた……24
障害基礎年金で注意すること……26
障害のある大人の福祉手当……28
障害のある子どもの福祉手当……30
医療費の負担を少なくしてくれる制度……32
生活保護は生活をまもるためにある……34

[コラム❷]
成年後見制度……36

PART 3 支援って何？どこで相談できるの？……37

「支援」ってどういうこと？……38
障害福祉サービスってどんなもの？……40
障害福祉サービスを使いたいときは……42
障害支援区分って何？……44
障害福祉サービスを使うときに払うお金……46
相談支援って何？……48
計画相談って何？……50
地域移行・地域定着の相談……52
働くための相談窓口……54
協議会って何？……56
障害福祉サービスはどうやって利用する？……58
いろいろな障害福祉サービス……60

PART 4 住むことをお手伝いするサービス …… 63

- 生活を支える障害福祉サービス…… 64
- 入所施設はどんな場所？…… 66
- グループホームって何？…… 68
- グループホームでの暮らし…… 70
- 移行支援住居って何？…… 72
- ヘルパーを利用した生活はどんなもの？…… 74
- さまざまなヘルパーのサービス…… 76
- ショートステイってどんなもの？…… 78
- 自立生活援助とは？…… 80

[コラム❸]
「障害者権利条約」について知りたい…… 82

PART 5 通う・働くをお手伝いするサービス …… 83

- 昼間に通って活動するサービス…… 84
- 生活介護って何？…… 86
- 自立訓練って何？…… 88
- 就労移行支援って何？…… 90
- 就労継続支援A型って何？…… 92
- 就労継続支援B型って何？…… 94
- 就労選択支援って何？…… 96
- 地域活動支援センターと日中一時支援…… 98
- 「出かける」ことを支援するサービス…… 100
- 移動支援って何？…… 102
- 行動援護って何？…… 104

PART 6 障害のある子どもを支援するサービス …… 107

- 障害のある子ども向けの福祉サービス…… 108
- 児童発達支援とは…… 110
- 放課後等デイサービスとは…… 112
- 保育所等訪問支援とは…… 114
- 一般の子育てサービスの利用が、増えているの？…… 116

[コラム❹]
医療的ケア児支援法…… 118

おわりに…… 119
さくいん…… 120

この本の特徴

この本は、なるべく多くの人が
読みやすいように、
次のような特徴があります。

特徴 1

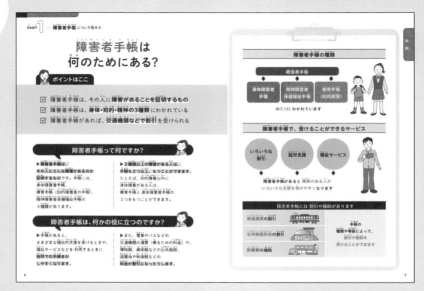

ページの左側が説明の文章、
右側が説明のイラストになっています。

特徴 2

説明の文章はできるだけ少なくしてあります。

特徴 3

特に知的・発達障害のある人に関係する
制度やサービスを取り上げています。

PART 1

障害者手帳について知ろう

PART 1 障害者手帳について知ろう

障害者手帳は何のためにある?

ポイントはここ

- ☑ 障害者手帳は、その人に**障害があることを証明するもの**
- ☑ 障害者手帳は、**身体・知的・精神の3種類**にわかれている
- ☑ 障害者手帳があれば、**交通機関**などで**割引**を受けられる

障害者手帳って何ですか?

▶ 障害者手帳は、その人にどんな障害があるのか証明するものです。手帳には、身体障害者手帳、療育手帳（知的障害者の手帳）、精神障害者保健福祉手帳の3種類があります。

▶ 2種類以上の障害がある人は、手帳も2つ以上、もつことができます。たとえば、知的障害以外に身体障害がある人は、療育手帳と身体障害者手帳の2つをもつことができます。

障害者手帳は、何かの役に立つのですか?

▶ 手帳があると、さまざまな福祉的支援を受けるときや、福祉サービスなどを利用するときに役所での手続きがしやすくなります。

▶ また、電車やバスなどの交通機関の運賃（乗るための料金）や、博物館、美術館などの公共施設、遊園地や映画館などの料金が割引になったりします。

手帳

障害者手帳の種類

障害者手帳

- 身体障害者手帳
- 精神障害者保健福祉手帳
- 療育手帳（知的障害）

の3つに わかれています

障害者手帳で、受けることができるサービス

- いろいろな割引
- 就労支援
- 福祉サービス

障害者手帳があると 障害のある人が
いろいろな支援を受けやすくなります

障害者手帳には 割引や補助があります

鉄道運賃の割引

公共施設料金の割引

医療費の補助

手帳の種類や等級によって、
割引や補助を受けることができます

PART 1 ……障害者手帳について知ろう

療育手帳は知的障害があることを証明する手帳

 ポイントはここ

- ☑ **知的障害があることを証明する**手帳を、療育手帳という
- ☑ 療育手帳は、**地域によって呼び方がちがう**ことがある
- ☑ 療育手帳には、**「等級」や「種別」**のちがいもある

知的障害のある人の手帳は、どんなものですか？

▶知的障害があることを証明する手帳は、**「療育手帳」**と呼ばれています。
全国ほとんどの地域で療育手帳という名前なのですが、呼び方がちがう地域もあります。

▶療育手帳のことは国の法律に決まりがなく、都道府県や政令市が決めることになっています。
そのため **各地で名前がちがう**のです。

手帳には、何が書かれているの？

▶療育手帳には、**「等級」と「種別」**も書かれています。
「等級」と「種別」も、都道府県や政令市が決めることになっています。
▶**「等級」**とは、障害の重さを表します。
A1やB2、1度や2度など

地域によって書き方がちがいます。
▶**「種別」**は、一人で出かけられるかどうかを表します。
一人で出かけることが難しい人は「1種」、
一人で出かけられる人は「2種」となります。

8

呼び方はさまざま

東京都や横浜市では **愛の手帳**

一番多いのは **療育手帳**

青森県や名古屋市では **愛護手帳**

知的障害者福祉法には療育手帳が位置づけられていません。国の通知に位置づけられています！

名前は違いますが、知的障害があることを証明する手帳であることは同じです

等級と種別は、手帳に書かれています

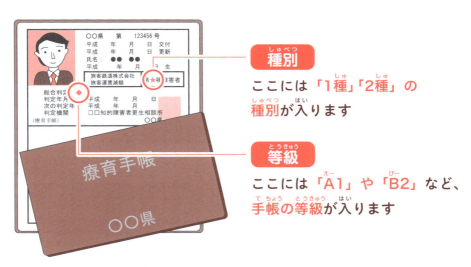

種別
ここには「1種」「2種」の種別が入ります

等級
ここには「A1」や「B2」など、手帳の等級が入ります

▶「1種」は一人で出かけるのが難しい区分、「2種」は一人で出かけることができる区分です。
▶ 療育手帳の場合、重度判定は「A」、中軽度の判定は「B」になります。

PART 1 …… 障害者手帳について知ろう

療育手帳をもらうには、どうすればいい?

ポイントはここ

☑ まずは**役所に申込み**、そのあとで**判定を受ける**

☑ 障害があるかどうか、**知能指数(IQ)を調べる**

☑ 障害の状態が変わっていないか、
検査を受けなおすこともある

療育手帳をもらうには、どうすればいいのですか?

▶療育手帳をもらうためには、
まず**市町村の窓口で申込み**をします。
申込みの書類に必要なことを書いて
窓口に 提出します。

▶そのあとで、
児童相談所や更生相談所という場所で
本人に知的障害が
あるかどうかを 調べます。
この検査を「**発達検査**」と呼びます。

知的障害があるかどうか、どうやって調べるの?

▶発達検査で調べるのは、
おもに**知能指数(IQ)**というものです。
知能指数が70以下だと、
知的障害があると 判定されます。
▶また、発達検査の結果によって、
重度・中度・軽度というように

障害の状態もわけられます。
▶発達検査は、
障害の状態が変わっていないか、
受けなおす場合があります。
受けなおすかどうかは、
手帳をもらうときに 教えてもらえます。

手続きは？

17歳まで
児童相談所
↓
学齢期は3〜5年に1度、再判定をします

18歳以上
更生相談所
↓
20歳を過ぎた後の再判定は、地域によって扱いが異なります

役所で申請したあと、**発達検査**を受け、生活する上でのお手伝いの必要性などを聞き取ります

等級とは？

	重度	重度	中度	軽度
知能指数（IQ）	20以下	21〜35	36〜50	51〜概ね70
等級（障害程度）	A1（1度）	A2（2度）	B1（3度）	B2（4度）

地域差はありますが、**等級はだいたい4段階**にわかれます。
また、地域によって判定の基準が多少異なります

うちの地域は発達障害があればIQ90までが手帳の対象です

うちの地域はIQ70までが手帳の対象です

手帳

PART 1 ……… 障害者手帳について知ろう

療育手帳で受けられる割引

ポイントはここ

- ☑ 療育手帳を持っていると、**さまざまな割引が受けられる**
- ☑ どのくらい割引になるかなどは、**会社によってちがう**
- ☑ **有料道路や水道料金も割引**になる

電車やバスで割引を受けるには、どうしたらいいですか？

▶電車の切符を買うときやバスへ乗るときに **療育手帳を見せます**。電車やバス以外にも、飛行機やフェリー、タクシーでも割引を受けられます。
▶療育手帳が1種の場合、**手帳を持っている人とつきそいの人の2人が** 割引されます。
2種の場合、**手帳を持っている人だけ** 割引されます。
ただし、電車は距離が100キロを超えるときだけ割引になります。

乗り物はどのくらい割引になりますか？

▶**電車やバス**だと、運賃が半額になる場合が多いです。
飛行機（国内線）は30〜40%の割引になることが多いようです。
▶そのほか、自動車で有料道路を通るときの料金や、博物館、動物園などの入場料、水道料金、携帯電話の料金なども割引になる場合があります。
▶割引の金額やルールは、**乗り物や施設によってちがいます**。割引を受けるときは注意しましょう。

鉄道運賃・バス運賃の割引

JR / 多くの鉄道会社 / バス会社	多くの交通機関が50％割引

1種：本人とつきそいの人（1人）が両方とも割引になります

2種：本人のみ割引となります（鉄道の場合100キロを超える距離で対象となることが多い）

タクシー・飛行機・フェリー運賃の割引

タクシー	約10％割引
航空会社（国内線）	30〜40％割引
フェリー会社	50％割引

1種：本人とつきそいの人（1人）が両方とも割引になります

1・2種どちらも：タクシー・フェリー・飛行機運賃は、「1種」でも「2種」でも、本人とつきそいの人（1人）が両方とも割引になります

携帯電話料金の割引

おもな携帯電話会社では、携帯電話利用料の割引をしています
割引内容は会社ごとに異なりますが、基本料金の割引をしている会社が多いです

1・2種どちらも：携帯電話の割引は、「1種」でも「2種」でも受けることができます

手帳

PART 1 障害者手帳について知ろう

障害者手帳について注意すること

福祉サービスの手続きで必要になったり、
いろいろな割引を受けられたりする障害者手帳。
とても便利なものですが、
注意しなければいけないこともあります。

手帳は大切なもの

障害者手帳は、
その人に障害があることを証明する
大切なものです。
役所での手続きや、電車・バスなどで
割引を受けるときには、
**必ず手帳をそのまま
持っていきましょう。**

手帳のコピーだと、受けつけて
もらえないことがあります。
手帳を持ち歩くときは、
落としたりなくしたりしないように
気をつけましょう。
専用のケースなどに
入れてもいいですね。

持っているだけでは割引はされない

いろいろな割引を受けるときは、
必ず障害者手帳を見せましょう。
持っているだけでは、
割引を受けられません。
税金の減免（減らすこと）、
医療費の補助、
有料道路の割引などは

必ず手帳を見せて
役所などで
手続きをしてください。
また、電車やバスなどで割引を
受けるときにも手帳を見せましょう。

プライバシーを まもるために

障害者手帳に書かれた名前や
顔写真、誕生日などは、
大切な個人情報です。
落としたり盗まれたりしたら、
すぐに警察へ連絡しましょう。

また、関係ない人に見せたり、
渡したりしてはいけません。
誰かに「ちょっと貸して」と
お願いされても、
納得できる理由がなければ
断りましょう。

なくしても もう一度発行できる

障害者手帳をなくしたときや、
破れて使えなくなったときには、
役所で**もう一度発行**してもらいましょう。

手帳が もらえないことはあるの？

療育手帳の対象となる障害の状態は、
都道府県や政令市が
決めることになっています。

同じ知能指数（IQ）でも、
療育手帳の対象となる地域と
ならない地域があり、
問題になっています。
等級（障害の重さ）の判定も、
自治体によって変わります。

手続きをしても
手帳がもらえなかったときや、
いままでより
障害が軽い等級になって
困った場合は、
役所や相談支援専門員などに
相談してみましょう。

COLUMN 1

「医学モデル」と「社会モデル」

みなさんは、生活のなかで
困ることはありますか？
お金の計算が苦手、
仕事のやり方を
なかなか覚えられない、
役所に出す書類を
どう書けばいいかわからない……。
いろいろなことがあると思います。

苦手なこと、
難しいことのなかには、
ちょっとした工夫や支援で
あまり困らなくなるものも
あります。
お金を数えるのが苦手でも、
ICカードなら簡単に
買い物できるかもしれません。
仕事のしかたや順番は、
写真やイラストで
わかりやすく教えてもらえれば、
迷わずにすむでしょう。

そう考えると、
みなさんが困っているのは、
周りに工夫や支援が
足りないことが
原因かもしれません。
みなさんが困っていることを、
周りの環境や
しくみの問題として考えることを
「社会モデル」といいます。

一方、その人の障害が
困りごとの原因だとする
考え方を「医学モデル」と
いいます。
たとえば障害者手帳の手続きで、
障害が重いか軽いかを調べるのは
この「医学モデル」の考え方が
もとになっています。
それだけだと、その人が
どんなことに困っているか
わからないので、
いまでは少しずつ「社会モデル」の
考え方が広まってきています。

「社会モデル」の考え方は、
国連の障害者権利条約でも
重要な考え方として
位置づけられています。

PART 2 お金のこと について知ろう

PART 2 お金のこと について知ろう

障害年金や福祉手当とは どんなもの?

ポイントはここ

- ☑ 障害の状態によっては、**障害年金や福祉手当をもらえる場合がある**
- ☑ **障害基礎年金は、20歳になる前に手続きをする**
- ☑ 手続きをしても**年金がもらえない場合もある**

どうして、障害年金や手当が必要なんですか?

▶障害があると、**仕事をして お金を稼ぐことが 難しい場合も** あります。
そうなると、自分のお金で生活していけなくなってしまいます。

▶そのため、国や都道府県、市町村は**障害のある人にお金の支援をしています。**
お金の支援には、**障害年金**と**さまざまな福祉手当**があります。

年金や手当は、どうすれば受け取れますか?

▶どちらも、受け取るためには手続きが必要です。
障害基礎年金は、20歳から受け取れるので 20歳になる前に手続きをしましょう。
▶**福祉手当**は、

障害のある人が受け取れるもの、障害のある子どもを育てる家族が受け取れるもの
の2つにわかれます。
▶年金も手当も、障害の軽い人は受け取れない場合があります。

お金の支援には、障害年金と福祉手当があります

障害年金

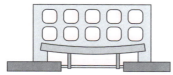

障害のある人の生活費として支払われます。
障害基礎年金は20歳以上にならないと受け取れません。
ただし、手続きは20歳より前からできます

福祉手当

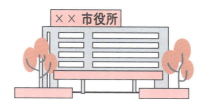

障害のある人や障害のある子どもの生活をよくするために支払われます。
障害のある人が受け取れるものと、障害のある子どもの家族が受け取れるものがあります

▶ 障害が軽い人は、障害年金や福祉手当がもらえない場合があります。
　受け取れるかどうかは、医師の診断書などで決まります。

手当の種類は大きく2つ

障害のある本人を対象にした手当

特別障害者手当、障害児福祉手当、地域独自の福祉手当など

障害のある子どもの家族を対象にした手当

特別児童扶養手当など

お金

PART 2 お金のこと について知ろう

障害年金には どんな種類がある？

ポイントはここ

- ☑ 障害年金には、**障害基礎年金と障害厚生年金**がある
- ☑ **知的障害のある人**が対象になるのは、**障害基礎年金**
- ☑ 障害年金の対象になったら、**保険料は払わなくてもいい**

障害のある人が受け取る年金は、どんなもの？

▶たくさんの知的障害のある人が、障害基礎年金を受け取っています。**子どものころから 障害のある人が対象になる年金**です。
年金を受け取れるのは、20歳になってからです。

ただし、受け取るための手続きは20歳になる前に はじめられます。

▶障害厚生年金は、**会社に勤めている人が、あとから障害の状態になった場合**に受け取るものです。

保険料は、払わなければならないの？

▶日本に住む人は、**20歳になると年金制度に入ります。**
年金制度に入ると、保険料というお金を毎月支払います。
その代わりに、自分が年を取ったときなどに年金をもらえます。

▶障害基礎年金を受け取るようになった人は、**保険料を支払わなくてもよい**ルールになっています。

種類❶ 障害基礎年金

おもに、自営業の人や子どものころからの障害のある人が受け取る障害年金

知的・発達障害のある人

> 知的障害は子どものころからの障害なので、障害基礎年金の対象です

種類❷ 障害厚生年金

おもに、会社に勤めている人が障害の状態になったときに受け取る障害年金

会社勤めしている人

> 知的障害は子どものころからの障害なので、障害厚生年金の対象にはなりません

お金

PART 2 お金のこと について知ろう

受け取れる障害基礎年金の金額

ポイントはここ

- ☑ 障害基礎年金は、**1級と2級でもらえる金額が違う**
- ☑ 1カ月の年金は、**1級は約8万7千円、2級は約7万円**
- ☑ 子どもがいる場合は、**もらえる額が増える**

障害基礎年金って、いくらくらいもらえるの？

▶障害基礎年金は障害の重さによって1級・2級・3級・非該当のどれかになります。

▶障害が重い人は1級、中くらいの人は2級です。

1級は月に約**8万7千円**、2級は約**7万円**もらえます。

▶障害が軽い人は、3級か非該当になります。

どちらも、障害年金はもらえません。

もらえる金額は、ずっと同じですか？

▶もらえる年金の額は、**毎年すこしずつ変わります。**
物価（物の値段）に合わせて、年金の額を決めているためです。

▶また、子どもがいる人は、もらえる年金の額が増えます。

たとえば、子どもが一人いると1カ月にもらえる年金は1万9千円くらい増えます。

▶それ以外にも、「障害年金生活者支援給付金」というお金ももらえます。

障害基礎年金は、誰がもらえる？

国民年金の保険料を納めている
20歳以上の人で、
重度・中度障害の状態にある人です

> 知的障害のある人は
> 20歳になる前から
> 手続きすることができます

受け取れる年金の金額は、人によってちがう

年金の等級は
「1級」と「2級」の
2種類です

	1級		2級	
1カ月	約8万7000円	1カ月	約7万円
1年間	約104万4000円	1年間	約84万円

※金額は障害年金生活者支援給付金を含みます。

子ども1人当たりの受け取れる金額

年金を
もらっている人に
子どもがいる場合、
受け取れる年金額が
増えます

> 1人目と2人目は
> 1年で約22万4000円

> 3人目以降は
> 1年で約7万5000円

▶ 年金額は毎年見直されるので、上がったり下がったりします。

PART 2 ..... お金のこと について知ろう

障害基礎年金の手続きのしかた

ポイントはここ

- ☑ 手続きの窓口は、**市町村の役所**
- ☑ **20歳になる半年くらい前**から、準備する人が多い
- ☑ 医師が書いた**意見書**などが、**必要**になる

障害基礎年金をもらうには、まず何からはじめるの？

▶障害基礎年金をもらうには、
役所で相談や手続きをします。
まずは、**役所**で説明を聞きましょう。
年金事務所でも、相談できます。
▶障害基礎年金は、
20歳になったら
すぐに受け取ることができます。
そのため、20歳になる前から
手続きを進めておくことが重要です。
20歳になる半年くらい前には
役所や年金事務所へ
相談に行くとよいでしょう。

手続きをするためには、何が必要？

▶手続きには、
申請書・意見書（診断書）・申立書
という書類が必要です。
このうち意見書（診断書）は、
医師に書いてもらいます。
意見書（診断書）は、
みなさんのことをよく知っている医師に
書いてもらうとよいでしょう。
▶障害基礎年金の手続きは、
とてもわかりづらいです。
家族や支援者などに
手伝ってもらうようにしましょう。

手続きは市町村の役所

障害基礎年金の手続きは、市町村の 年金担当窓口で行います

そのほか、お近くの年金事務所でも相談することができます

20歳になる前から、相談や手続きができます

20歳の誕生日前から手続きできます。
20歳を過ぎても手続きできます

20歳の誕生日

19歳 相談や手続きができる
20歳 年金を受け取れる

どんな書類が必要なの？

必要なのは
○申請書
○医師の書いた意見書
○申立書
などです

▶ 詳しいことは、市町村や年金事務所に確認しましょう。

PART 2 お金のこと について知ろう

障害基礎年金で注意すること

ポイントはここ

- ☑ 働いていても 障害基礎年金はもらえる
- ☑ 2～3年ごとに 手続きをやりなおす場合も ある
- ☑ 納得いかない場合は、不服申立ができる

仕事をして給料をもらうと、年金は減らされるの？

▶働いている人でも、認められれば
障害基礎年金をもらうことはできます。
ただし、給料が多い人は、
年金の額を減らされる場合もあります。
▶人によって違いますが、
障害基礎年金をもらい続けるためには

2～3年ごとに
手続きをやりなおす場合もあります。
これを「再判定」といいます。
再判定のときに、年金が減らされたり、
年金をもらえなくなったり
することもあります。

年金が減らされたら困りますね……

▶年金が減ったり、
もらえなくなったりした場合には
不服申立をすることができます。
不服申立は、年金がもらえなかったり、
年金の等級など
納得がいかない場合、

「もう一度、やりなおしてほしい」と
役所に伝えるためのしくみです。
不服申立に お金は かかりません。
▶不服申立をして、
結果が変わる場合もあれば、
変わらない場合もあります。

会社で働いていても、年金はもらえるけど……

知的障害のある人で
給料が
とても多い場合は、
もらえる年金が減らされたり、
もらえなくなったりします

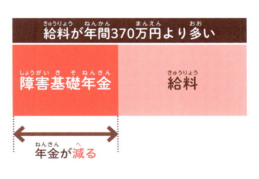

決定に納得できないときは？

障害基礎年金の決定に
納得できないときは
「不服申立」を
することができます

▶ 不服申立にお金はかかりません。

お金

PART 2 お金のこと について知ろう

障害のある 大人の福祉手当

ポイントはここ

- ☑ **福祉手当**は、障害のある **大人と子どもで種類が違う**
- ☑ 手続きは、**市町村の役所で行う**
- ☑ 特別障害者手当は、**障害の重い大人のための手当**

福祉手当って、どんなもの？

▶福祉手当は、
障害のある 人に 払われる
お金です。
障害年金と合わせて
受け取ることもできます。
▶福祉手当には、

障害のある 大人が対象のもの、
子どもが対象のもの、
両方が対象のものがあります。
▶手当を受け取るための
手続きは、
市町村の役所で行います。

大人の障害者が対象の手当は、どんなもの？

▶障害のある 大人がもらえるのは、
特別障害者手当です。
自宅やグループホームで暮らす
とても重い障害がある 人が、
受け取ることが できます。
特別障害者手当の対象かどうかは、

障害者手帳の等級や
医師の診断書を見て、
役所が決めます。
▶入所施設で暮らしている 人や、
病院に長く入院している 人は
もらえません。

大人対象 　特別障害者手当の対象と金額

対象は、**在宅で生活する**
とても重い障害のある人です

- 知的障害の場合、最重度（IQ20以下）や強度行動障害であれば対象となる可能性があります

ひと月の支給額

2万7980円

振込みは年4回
（2、5、8、11月）です

▶ 手当の額は定期的に見直されます。
世帯の所得が多い場合は支払われません。

子ども・大人対象　地域独自の福祉手当（解説は30ページを見てください）

手続きの窓口はお住まいの市町村の役所です

- わたしの市では身体障害者手帳1〜3級、療育手帳A・Bの人が対象です

- わたしの市では身体障害者手帳1・2級、療育手帳Aの人が対象です

- 子ども向けの手当は児童福祉の窓口が担当になることもあります

障害福祉課

▶ 対象となる人も、手当の金額も、地域によって異なります。

PART 2 お金のことについて知ろう

障害のある子どもの福祉手当

ポイントはここ

- ☑ 特別児童扶養手当は、**障害のある子どもを育てる家族がもらえる**
- ☑ 障害児福祉手当は、**重い障害のある子どもがもらえる**
- ☑ **都道府県や市町村** の手当もある

障害のある子どもが対象の手当は、どんなもの？

▶障害のある子どもの福祉手当には、特別児童扶養手当と、障害児福祉手当があります。

▶**特別児童扶養手当**は、障害のある子どもの保護者（家族）がもらえます。

1級と2級があり、金額が違います。

▶**障害児福祉手当**は、重い障害のある子どもが もらえます。

どちらの手当も、対象になるかどうかは障害者手帳の等級や医師の診断書をみて、役所が決めます。

そのほかに、障害のある大人や子どもがもらえる手当は？

▶都道府県や市町村によっては、独自の福祉手当もあります。
障害の重い人だけが対象になることが多いですが、対象になる人や もらえる金額は、都道府県・市町村ごとに違います。

▶**都道府県・市町村の福祉手当**は都道府県・市町村のお金で支払っています。
そのため、お金がなくなってくると手当を やめる場合もあります。

保護者対象　特別児童扶養手当の対象と金額

特別児童扶養手当は
障害のある子どもを
育てている保護者が
対象です

ひと月の支給額	
1級	5万3700円
2級	3万5760円

振込みは年3回
（4、8、12月）です

子どもが施設に
入所している場合は
対象になりません

▶ 手当の額は定期的に見直されます。

子ども対象　障害児福祉手当の対象と金額

障害児福祉手当は
重度障害のある
子どもが対象です

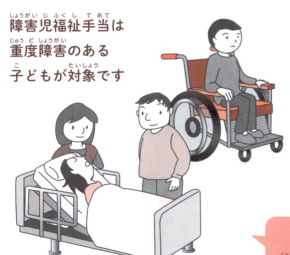

ひと月の支給額
1万5220円

振込みは年4回
（2、5、8、11月）です

子どもが施設に
入所している場合は
対象になりません

▶ 手当の額は定期的に見直されます。

お金

PART 2 お金のこと について知ろう

医療費の負担を少なくしてくれる制度

ポイントはここ

- ☑ 病院で支払う **医療費の負担を少なくしてくれる制度** がある
- ☑ 自立支援医療は、**障害に関係した医療が対象**
- ☑ 重度障害者医療費助成制度は、**重い障害のある人が対象**

病院で払うお金を、少なくしてくれる制度はある？

▶病院で治療してもらったときは
障害のある人も お金を払います。
これを医療費の**自己負担**といいます。
自己負担を 少なくしてくれるのが、
自立支援医療と
重度障害者医療費助成制度です。

▶**自立支援医療**は、
その人の障害に関係した治療の
自己負担を少なくする制度です。
▶**重度障害者医療費助成制度**は、
その人の障害に関係ない治療の
自己負担も少なくしてくれます。
障害の重い人が対象です。

どのくらい、少なくなるの？

▶ふつうは、かかった医療費の
3割を払います。
自立支援医療を使うと、
この自己負担が1割になります。
また、1カ月の間で支払う自己負担も
少なくなります。
▶**重度障害者医療費助成制度**も
自己負担を少なくしてくれます。
対象になる 人や金額などは
都道府県・市町村によって違います。

32

自立支援医療と重度障害者医療費助成制度のちがい

	自立支援医療	重度障害者医療費助成制度
内容	障害に関係した医療費を補助する制度です	障害とは直接関係しない医療費も含めて補助する制度です
対象	法律で決められた障害を軽くするための治療を受ける人（精神科に通う場合の医療費補助は知的障害のある人も対象）	重度障害のある人ですが、市町村によって違いがあります
補助の範囲	医療費補助制度では、健康保険の3割負担部分が補助対象となります ▶多くの地域で食事代や個室料などは補助の対象外です。 	
負担	対象となる医療費については普通だと3割の自己負担が、1割になります ▶さらに、月々に支払う医療費の上限ができます。	健康保険が使える医療サービスは大部分が対象になりますが、多くの地域で一部負担金があります

お金

PART 2 お金のこと について知ろう

生活保護は生活をまもるためにある

ポイントはここ

- ☑ **生活に困ったとき**は、**生活保護**を使える場合がある
- ☑ 年金などをもらっていると、**生活保護のお金は減る**
- ☑ 手続きは、**福祉事務所**で行う

生活保護は、どんな制度？

▶病気や障害などがあって働けず、生活に困ったときには
生活保護を使える場合があります。
生活保護は、
生きていくために必要なお金を
国からもらえる制度です。

▶住んでいる場所などで変わりますが、
一人暮らしの障害のある人は
1カ月に10〜15万円を
受け取ることができます。

▶**生活保護の手続きは、
福祉事務所で行います。**

わたしたちも生活保護を使っていいの？

▶**障害のある人**も
生活保護を使うことができます。
ただし、障害年金など
ほかにもらっているお金がある場合は、
そのぶん生活保護のお金が
少なくなります。

▶親などの家族の収入で生活を
支えてもらっている場合は、
生活保護の対象となりません。
家や土地、貯金などを持っている人は
持っているお金が多いと
生活保護の対象になりません。

生活保護とは

生活保護とは、
病気や障害などがあって働けず、
生活に困ったときに、
生きていくために必要なお金を
国からもらえる制度です

一人暮らしの支給額	
1カ月	10〜15万円

手続きの窓口は、福祉事務所です

手続きの窓口は
お住まいの地域の
福祉事務所です

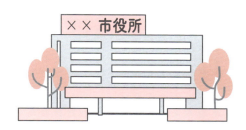

生活保護が受けられないこともあります

- 障害年金などをもらっている
- 支援してくれる親族がいる
- 家や土地、貯金がある

↓

生活保護の対象にならない場合や、生活保護のお金が少なくなる場合があります

COLUMN 2

成年後見制度

知的障害のある人の多くは、一人でお金を守って使うこと（お金の管理）や、福祉サービスを使う手続きをしたりするのが苦手です。お金の管理やいろいろな手続きをするための判断力（法的能力）に不安のある人が多いからです。しかし、地域で暮らすためにはお金が必要ですし、いろいろな手続きもしなければなりません。そのため、判断力が十分ではない人のお金の管理や手続きをお手伝いする「成年後見制度」というしくみがあります。

成年後見制度では、判断力が十分でない人に代わって、「後見人・保佐人・補助人」と呼ばれる人がお金の管理や手続きをします。後見人などは、家庭裁判所が決めます。

成年後見制度のお手伝いには、次のようなものがあります。

- 本人の代わりにお金を管理すること（通帳を預かる、電気や水道の料金を支払うなど）
- 本人の代わりにいろいろな手続きをすること（福祉サービスを使う手続き、電気や水道、ガス、携帯電話の手続きなど）
- 本人に困りごとがないかどうかの見守りをすること

こうしたお手伝いは、特に重度の知的障害がある人に必要です。ただ、中には本人の希望を聞かずにお金を管理したり手続きしたりしてしまう後見人もいるので、問題になっていました。そのため、障害者権利条約（82ページ参照）のチェックで国連から、成年後見制度を一から見直すように言われてしまいました。今、成年後見制度を専門に研究している学者さんを中心に、どうやったらうまく見直すことができるか、話し合っているところです。

PART 3

支援って何？どこで相談できるの？

PART 3 支援って何? どこで相談できるの?

「支援」ってどういうこと?

ポイントはここ

- ☑ **みんなで助けあう**のが、わたしたちの社会のルール
- ☑ 困っている人を、**みんなで支えることが 支援**
- ☑ 障害のある人は、**支援を受けながらくらす**ことができる

障害のある人は、困ったときに手伝ってもらえるのですか?

▶一人でするのは難しいことを手伝ってもらったり、生活するためのお金を助けてもらったりすることを、「**支援を受ける**」といいます。

▶わたしたちの社会では困ったことがあったら みんなで助けあう ルールがあります。障害のある人のことも みんなで支援していくことに なっています。

「支援」というのは、具体的に何をすることですか?

▶役所は、障害のある人に必要な支援をいろいろな方法で 行います。
▶その一つが、**障害福祉サービス**です。障害福祉サービスは、障害のある人が一人ではできないことや苦手なことを 専門の人が手伝ったり、相談にのったり してくれます。

▶そのほかにも、生活するためのお金に困っている 場合には、**障害年金や生活保護**のように、必要なお金を受け取れる制度もあります。
上手に支援を使って生活していきましょう。

困っている人をみんなで支えます

困ったことがあったら、みんなで助けあうのが社会のルールです。
障害がある人の困りごとも、みんなで支援します

支援の一つが障害福祉サービス

障害福祉サービスは、障害のある人が 一人ではできないことや
苦手なことを 手伝ったり相談にのったり します

支援・相談

PART 3 …… 支援って何? どこで相談できるの?

障害福祉サービスってどんなもの?

ポイントはここ

- ☑ 障害福祉サービスには、**介護給付、訓練等給付、地域生活支援事業**がある
- ☑ **地域生活支援事業**は、地域によってサービスが異なる
- ☑ **学校卒業後は、障害福祉サービス**を使う人が多い

障害福祉サービスには、どんなものがありますか?

▶**介護給付**と**訓練等給付**という2種類のサービスがあります。
▶**介護給付**は、たくさんの支援を必要とする人が使うサービスです。
ホームヘルパーに来てもらったり、昼間に施設へ通ったり、施設で暮らしたりするサービスをまとめて**介護給付**と呼びます。

▶会社で働くための練習をしたり、グループホームで暮らしたりするサービスをまとめて**訓練等給付**と呼びます。
▶そのほか、**地域生活支援事業**という種類の福祉サービスもあります。地域生活支援事業のサービスは**都道府県や市町村によって違います。**

学校を卒業したら、障害福祉サービスを使うの?

▶学校を卒業した後の進路は
①障害福祉サービスを利用
②会社などへ就職
③大学や専門学校へ進学
のどれかを選ぶ人が多いです。
▶どの進路を選ぶ場合も家族や学校の先生などと**相談しながら自分で決める**ことになります。

障害福祉サービスの種類

- **介護給付** → 生活する際に介護が必要な人が使います
- **訓練等給付** → 働くための訓練をする人などが使います
- **地域生活支援事業** → 市町村が地域の状況にあわせて行うサービスです

学校を卒業した障害のある人のおもな進路は……

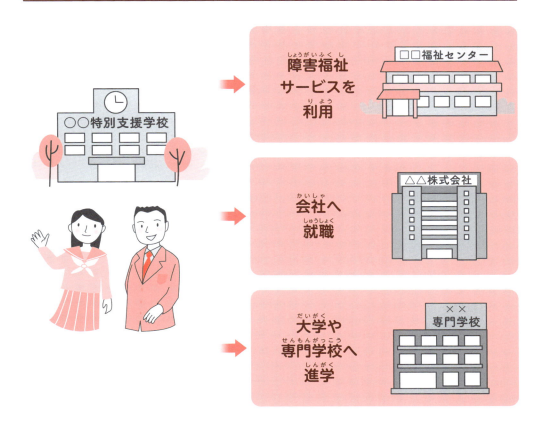

○○特別支援学校 →
- 障害福祉サービスを利用（□□福祉センター）
- 会社へ就職（△△株式会社）
- 大学や専門学校へ進学（××専門学校）

支援・相談

PART 3 支援って何？どこで相談できるの？

障害福祉サービスを使いたいときは

ポイントはここ

- ☑ 福祉サービスを使いたいときは、**役所の窓口で手続き**する
- ☑ 必要な手続きは、**相談支援専門員**が手伝ってくれる
- ☑ 利用する事業所を決めたら、**契約**をする

福祉サービスを使いたいときは、どうすればいいのでしょう？

▶まず、住んでいる**市町村で手続き**をします。
市町村の役所にある障害福祉担当の窓口へいきましょう。
窓口では**申請書**を出します。

▶そのあとは、**障害支援区分の認定**（44ページ）や**サービス等利用計画の作成**（50ページ）などを進めます。

▶手続きのときに困ったら、**相談支援専門員**（50ページ）が手伝ってくれます。

役所の手続きが終わったら、どうなりますか？

▶使える福祉サービスの種類や、どのくらい使えるかは、**役所が決めます**。
その後、決まった内容が書かれた**受給者証**という書類が届きます。
受給者証の内容を見て、相談支援専門員、施設や事業所の担当者が集まる会議が開かれます。
会議ではどのサービスを、どの施設や事業所で、どのくらい使うかを話しあいます。

▼施設や事業所が決まり、契約をするとサービスを使えるようになります。

手続きの窓口は、市町村の役所です

障害福祉サービス利用のながれ

役所での手続き
↓
障害支援区分の判定
↓
サービス等利用計画の作成
↓
役所での決定
↓
受給者証の交付

▶ 58、59ページもみてください。

事業所との契約

受給者証を見せて
サービス事業所と
契約します

サービスを利用する人 ←→ 事業所

支援・相談

PART 3 …… 支援って何? どこで相談できるの?

障害支援区分って何?

ポイントはここ

- ☑ どのくらい支援が必要なのかをあらわすのが、**障害支援区分**
- ☑ 障害支援区分は、**1から6まで6段階**ある
- ☑ 障害支援区分によって、**使える福祉サービスが変わる**

「障害支援区分」って何ですか?

▶障害支援区分は、どのくらい支援が必要なのかを、あらわしたものです。
1から6まであり、数字が大きいほどたくさん支援が必要という意味です。
▶障害支援区分によって、使える福祉サービスが決まるほか、どのくらい使えるかも変わってきます。
区分1より、区分6のほうがたくさんの福祉サービスを使えます。
▶福祉サービスの中には障害支援区分の判定に関係なく使えるものも あります。

障害支援区分は、どうやって決まるの?

▶役所にある**市町村審査会**で**障害支援区分は決まります**。
まず、役所の人が障害や生活の状況などを調べるために あなたのところに来ます。
そのあと、医師がつくった意見書も見ながら、市町村審査会で話しあい、障害支援区分を決めます。
結果は 役所から連絡がきます。
▶障害支援区分の判定は18歳以上の人が対象です。

障害支援区分は、どうやって決まる？

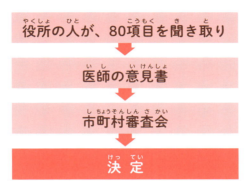

役所の人が、80項目を聞き取り
↓
医師の意見書
↓
市町村審査会
↓
決定

支援・相談

障害支援区分と利用条件の例

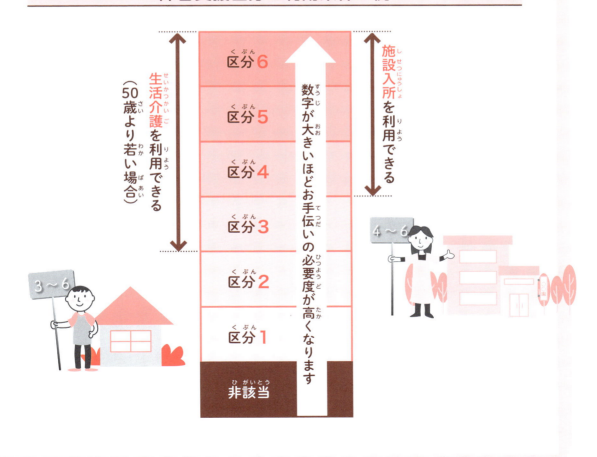

区分6
区分5
区分4
区分3
区分2
区分1
非該当

数字が大きいほどお手伝いの必要度が高くなります

生活介護を利用できる（50歳より若い場合）

施設入所を利用できる

3〜6

4〜6

PART 3 …… 支援って何？どこで相談できるの？

障害福祉サービスを使うときに払うお金

ポイントはここ

- ☑ 障害福祉サービスを使うときに、自分で払うお金を **利用者負担** という
- ☑ 利用者負担は、**サービス費用（かかったお金）の1割**
- ☑ もらっているお金が少ない人は、**利用者負担ゼロ** になる

サービスを使うときに、お金は必要ですか？

▶障害福祉サービスを使う人は、
そのサービスにかかるお金の1割を
払うことになっています。
そのお金のことを **利用者負担** といいます。

▶障害のある人のなかには、
働くことが難しいため、
持っているお金が少ない人もいます。
利用者負担が払えずに、サービスが
使えなくなると困ってしまいます。
そうならないように
利用者負担を少なくするための
ルールも あります。

実際には、どのくらいの利用者負担を払えばいいの？

▶利用者負担がいくらになるかは
その人がどのくらいの
お金をもらっているかで
決まります。

▶知的障害のある人の多くは、
生活保護（34ページ）や
障害基礎年金（18ページ）などの
お金しかもらっていません。
その場合、**利用者負担はゼロ** です。
ただし、給食の材料費などは
利用者が 払うルールになっています。

利用者負担は、サービス費用（かかったお金）の1割です

サービス費用	利用者負担
4,000円	→ 400円

利用者負担には、上限があります

もらっているお金に	月々の負担上限額
住民税がかかっていない人	0円
住民税が16万円（年収が600万円くらい）より少ない	9,300円
住民税が16万円以上	37,200円

障害のある人の場合、
年収が約200万円以下の場合は
住民税がゼロになる
可能性があります

▶ 18歳以上の人のケースです。
　（17歳までの子どもは少しルールが違います）

支援・相談

PART 3 支援って何? どこで相談できるの?

相談支援って何?

ポイントはここ

- ☑ 相談支援は、生活の困りごとなどの **相談にのってくれるサービス**
- ☑ 障害福祉サービスなどの **手続きも、手伝ってくれる**
- ☑ 相談支援の事業所がどこにあるか、**役所で教えてくれる**

福祉サービスの手続きは、やっぱり難しそうです…

▶障害福祉サービスはしくみが複雑だったり、手続きのしかたがわかりにくかったりして、自分や家族だけで手続きを進めるのは難しいと思います。

そんなときは、**相談支援**を利用しましょう。

▶相談支援は、障害福祉サービスや療育手帳、手当の手続きなど、一人で進めることが難しいことを手伝ってくれます。
生活に困ったことがあるときも相談にのってくれます。

▶**手伝いも相談も 無料**です。

相談支援は、どこにあるんですか?

▶相談支援の事業所は、ほかの福祉施設と同じ建物にあったり、街中のビルの中にあったりします。
相談支援の事業所がどこにあるかは役所で聞けば教えてくれます。

▶相談支援の事業所には障害福祉のことをよく知っている**相談支援専門員**という人がいます。
相談にのってくれるのはこの相談支援専門員です。

役所では、いろいろな相談ができます

- 健康保険のこと
- 税金のこと
- 障害福祉のこと
- 年金のこと
- そのほか

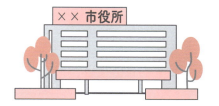

支援・相談

役所以外でも、相談ができます

自宅や施設などに相談員が来てくれます

相談支援は、無料です

相談支援は何度使っても無料です
気軽に相談してくださいね

PART 3 … 支援って何? どこで相談できるの?

計画相談って何?

ポイントはここ

- ☑ 障害福祉サービスの利用予定などをまとめたものが、**サービス等利用計画**（子どもの場合は**障害児支援利用計画**）
- ☑ サービス等利用計画は、**障害福祉サービスの手続きに必要**
- ☑ サービス等利用計画は、**モニタリングで変えられる**

福祉サービスの手続きに必要な、「サービス等利用計画」って何ですか?

▶あなたが生活で困っていることや、してみたいこと、どのサービスをどのように使いたいかを まとめたものが**サービス等利用計画**です。
子どもの場合には**障害児支援利用計画**と呼ばれます。

サービス等利用計画は、あなたの話をよく聞いて相談支援専門員がつくります。
▶役所が障害福祉サービスを決めるときには、サービス等利用計画の案を参考にして決めることになっています。

サービス等利用計画は、途中で変えたりはできるのですか?

▶サービスを使いはじめた後でも、サービス等利用計画は 変えられます。
計画相談を使うと、**相談支援専門員**が 定期的に話を聞きに来てくれます。
これを、**モニタリング**といいます。

▶使っている障害福祉サービスがその人に合っていない場合などはサービス等利用計画をつくりなおします。
そして、別のサービスや別の事業所に 変えることもできます。

相談にのってくれる人は、どんな人？

福祉の仕事の経験があり、
専門の勉強をした人が
相談にのってくれます

わたしたちが
相談を
おうかがいします

サービスを使うには「サービス等利用計画」が必要です

「サービス等利用計画」は
これからの暮らしのことや、
福祉サービスをどうやって
利用していくかを
まとめた書類です

いま困っていることや、これからの希望など

福祉サービスの利用計画

モニタリングがあります

自宅や施設などに
相談員が来てくれます

お久しぶりです！
今日は
モニタリングですよ

PART 3 ……… 支援って何? どこで相談できるの?

地域移行・地域定着の相談

ポイントはここ

- ☑ **相談支援**は、その人が希望する生活を実現する手伝いをする
- ☑ **地域移行支援**は、入所施設などを出て生活する人を支援するもの
- ☑ **地域定着支援**は、一人暮らしをはじめた後の人を支援するもの

いつか一人暮らしがしたいのですが、相談にのってもらえますか?

▶**相談支援は、あなたがしたいと考えている生活が実現するように手伝ってくれます。**
一人暮らしに向けた相談もできます。
▶入所施設で暮らしている人などが、**施設を出たいと思ったときには地域移行支援**という相談支援を使うことができます。
▶**相談支援専門員**が、新しく住む家を探したり、必要な障害福祉サービスを一緒に選んでくれたりします。
地域移行支援を使えるのは基本的に6カ月で、最大でも1年間となります。

一人暮らしをはじめてからも、いろいろ不安です…

▶**一人暮らしをはじめてから、困ったことやわからないことがあったときに、助けてくれる相談支援**もあります。
これを、**地域定着支援**といいます。
▶ゴミの出し方や近所づきあいなど、あなたが困っていることを解決する方法を一緒に考えてくれます。
本当に大変なときにはかけつけてくれます。

地域移行支援とは？

新しい家を見つけたり、
必要な障害福祉サービスを
調整したりしてくれます。
利用目安は基本的に6カ月で、
最大でも1年です

相談員が、地域で暮らすための
お手伝いをします

利用目安　最大で1年

地域定着支援とは？

大変なときに
電話で対応したり
家にかけつけて
くれたりします。
1年を超えてずっと
利用することもできます

近所の人とのつきあいかたがわかりません。
相談してもいいですか？

もちろん
いいですよ

利用目安　1年ごとに、続けるかどうか役所が決める

PART 3 …… 支援って何？どこで相談できるの？

働くための相談窓口

ポイントはここ

☑ 障害のある人が働きたいと思ったときに、**相談できる場所**がある
☑ **ハローワーク**には、障害のある人専用の窓口もある
☑ **障害者就業・生活支援センター**では、生活のことも相談できる

一人暮らしをはじめたら、会社で働きたいと思っています

▶障害のある人が働きたいときや、長く働きつづけたいときに相談できる窓口があります。
▶一番有名なのが**ハローワーク**です。仕事を紹介してくれるほか、新しい仕事をするための練習などの相談にのってくれます。
▶ハローワークは、仕事を探している人であれば誰でも利用できます。障害のある人専用の窓口もあります。

障害のある人の働く相談を受けてくれる場所は、ある？

▶2つの相談窓口があります。一つは**地域障害者職業センター**です。就職のための相談だけでなく、仕事をするための練習をすることができます。
▶もう一つは、**障害者就業・生活支援センター**です。ここは、長く働きつづけるための相談にのってくれます。仕事に関係した生活の相談もできます。

ハローワーク

仕事の紹介や職業訓練の相談などを受け付けます。
障害のある人には専門の相談員が対応してくれることもあります

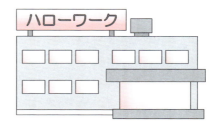

各地のおもな都市にある

地域障害者職業センター

ハローワークと協力して、職業訓練など障害のある人が働くためのお手伝いをします

だいたい都道府県に1カ所ある

障害者就業・生活支援センター

障害のある人の仕事に関する相談と生活上の相談を受け付けます

各地のおもな都市にある

支援・相談

PART 3　支援って何？どこで相談できるの？

協議会って何？

ポイントはここ

- ☑ 障害のある人が困っていることは、**協議会に集められる**
- ☑ 協議会では、障害のある人が **困っていることの解決** を 話しあう
- ☑ 障害のある人や家族も、**協議会に参加** している

障害福祉サービスは、全国どこでも使えるの？

▶法律としては、全国どこでも使えることになっています。しかし、実際には地域によってサービス事業所が少なかったり、知的障害のある人に対応できていなかったりしています。
▶そこで、**市町村や都道府県ごとに協議会（自立支援協議会）** という会議を開いています。そこで不足しているサービスを増やしたり障害のある人が困っていることを解決したりするために話しあうことになっています。
▶障害のある人が困っていることやどのサービスが不足しているかなど、相談支援事業所から情報を集めます。

話しあった結果は、どうなるのですか？

▶話しあった内容をまとめて役所に伝えます。
役所はその内容を見て、どんなサービスを増やすか、問題をどう解決するか、考えます。
▶協議会には障害のある人やその家族のほかさまざまな人が参加しています。

市町村の協議会とは

障害のある人の
地域生活を支えるしくみを
話しあいます

福祉関係者だけでなく、さまざまな立場の人が話しあいに参加します

話しあわれた意見を役所に出したりします

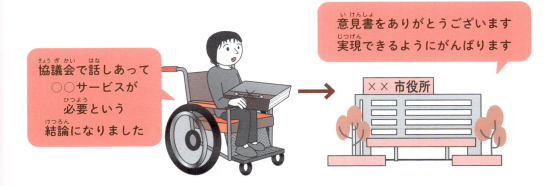

PART 3 支援って何？どこで相談できるの？

障害福祉サービスはどうやって利用する？

障害福祉サービスは役所で手続きをしないと、使えません。
その手続きは少し難しいのですが、少しでもわかりやすく説明します。

❶ 窓口に行って手続きに必要な書類を出す

まず、市町村の役所で手続きに**必要な書類を出します。**障害福祉サービスの利用申請書などです。
一人で書くのは難しいので、家族や相談支援専門員などに手伝ってもらいましょう。
役所に行くときも、相談支援専門員などにつきそってもらうとよいです。

❷ 障害支援区分の認定を受ける

障害福祉サービスを使うときには、障害支援区分の認定を受けます。
役所から**認定調査員**という人が来て、障害や生活のことなどを聞き取ります。
あなたが、どのくらい支援を必要としているのか調べるためです。
そのほか、医師に**意見書**という書類を書いてもらいます。
使うサービスによっては、障害支援区分の手続きはしないこともあります。

❸ サービス等利用計画をつくる

障害支援区分が決まったら、**サービス等利用計画**の案をつくります。
サービス等利用計画は、あなたがしたい生活や使いたいサービスなどが書かれたものです。
相談支援専門員がつくることになっています。＊

＊自分でサービス等利用計画をつくることもできます。セルフプランといいます。

❹ 支給決定を受ける

役所は、あなたの
サービス等利用計画と**障害支援区分**
などを見て、どんなサービスを
どのくらい使ってよいか決めます。
決めた内容は **受給者証**という
書類に書き込まれて
あなたのところへ 送られてきます。

受給者証が送られてきたら、
使いたいサービスの担当者
(事業所の人)や相談支援専門員
などと一緒に会議をします。
そして、実際にどの施設や
事業所のサービスを
どのくらい使うか、考えます。

支援・相談

❺ 利用する事業所を選んで契約する

通いたい施設や使いたいサービスの
事業所が決まったら、**契約をします。**
契約書と重要事項説明書という
書類に書かれていることを、

事業所の人が説明してくれます。
わからなかったら、質問しましょう。
契約をすると、その福祉サービスを
使えるようになります。

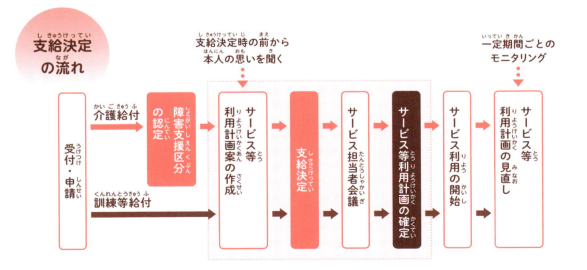

支給決定の流れ

PART 3 …… 支援って何？どこで相談できるの？

（ いろいろな障害福祉サービス ）

介護給付

サービスの名前	どんな内容？	紹介ページ
居宅介護 （ホームヘルプ）	ヘルパー（生活の手伝いをしてくれる人）が家などに来て、食事やお風呂、掃除や洗濯などを手伝うサービス。病院や役所などにつきそうこともできる。	64～65ページ
重度訪問介護・行動援護	重度訪問介護は、障害の重い人にヘルパーが長い時間つきそって、生活や外出の手伝いをするサービス。行動援護は、特別な見守りが必要な人にヘルパーがつきそうサービス。	76～77ページ 100～101ページ 104～105ページ
生活介護	昼間に通って、さまざまな活動をしたり支援を受けたりするサービス。	86～87ページ
施設入所支援・短期入所	施設で暮らしながら、食事やお風呂など生活に必要な支援を受けるサービス。普段は家族などと暮らしている人が、家族が病気になったりしたときに数日間、施設で暮らすのが短期入所（ショートステイ）。	66～67ページ 78～79ページ

障害のある人が利用できる福祉サービスには、このようなものがあります。

訓練等給付

サービスの名前	どんな内容?	紹介ページ
自立訓練	身の回りのことを自分でする練習やリハビリなどをしながら、地域で生活するために必要なことを身につけるサービス。	88～89ページ
就労移行支援	会社などで働きたい人が通い、支援を受けながら働くための練習をするサービス。	90～91ページ
就労継続支援	会社などで働くのが難しい人が通い、支援を受けながらさまざまな作業や活動をするサービス。	92～95ページ
共同生活援助（グループホーム）	一軒家やアパートなどで、10人以下の障害のある人が一緒に暮らしながら、食事やお風呂など生活に必要な支援を受けるサービス。	68～73ページ

支援・相談

61

PART 3 …… 支援って何? どこで相談できるの?

地域生活支援事業

サービスの名前	どんな内容?	紹介ページ
相談支援	生活の中で困ったときや、福祉サービスを使いたいときなどにアドバイスをしてくれるサービス。	48〜49ページ
地域活動支援センター	昼間に通って、さまざまな活動をしながら地域の人たちと交流したりするサービス。	98〜99ページ
移動支援	障害の軽い人が外出するときに、ヘルパーがつきそうサービス。	102〜103ページ
障害児通所支援	発達が気になる子どもや障害のある子どもの発達をお手伝いするサービス。	108〜115ページ

▶ ここで紹介するのは、障害福祉サービスの一部です。
実際の障害福祉サービスはもっと細かい種類にわかれていたりして、とても複雑です。
どんな障害福祉サービスが自分に合うのかは、相談支援専門員などと話しあいながら考えるとよいです。

PART 4

住むことをお手伝いするサービス

PART 4　住むこと をお手伝いするサービス

生活を支える 障害福祉サービス

ポイントはここ

- ☑ **必要な支援を受けながら、暮らせる場所** がある
- ☑ **グループホームや、入所施設** には、支援者がいる
- ☑ **ホームヘルパーを利用** して、一人で暮らすこともできる

障害があると、家族と離れて暮らすのは難しい？

▶掃除や洗濯、買い物や料理、
トイレやお風呂……。
自分一人ではできない家事も
手伝ってもらえば、家族と離れても
生活できる人は たくさんいます。
▶家事や身の回りのことだけでなく、
お金を管理する、役所で手続きする、
病院へ通う、契約をするなど、
さまざまな場面で
支援を受けることが できます。
▶こうした**サービス**を使って
生活している人は たくさんいます。

そういう福祉サービスって、どんなものがあるの？

▶生活を支える支援には、
大きくわけて2つあります。一つは、
グループホームや 入所施設 などで
支援を受けながら 暮らす方法です。
グループホームや 入所施設には
支援者がいて
必要な支援をしてくれます。
▶もう一つは、
ホームヘルパーを利用して、
アパートなどで一人で暮らす方法です。
ホームヘルパーは アパートなどに来て、
必要な支援をしてくれます。

サービス❶　入所施設

施設入所支援
定員30人以上
同じ施設で
共同生活します

療養介護
おもに医療の
必要のある人が
利用しています

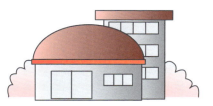

サービス❷　グループホーム

グループホームは
障害支援区分に
関係なく利用できる
サービスです

重度障害のある人も
たくさん
利用しています

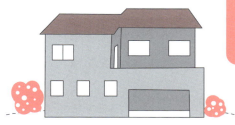

サービス❸　居宅介護（ホームヘルプ）

アパートなどに一人で
暮らしている人は、
ホームヘルパーを
利用できます

▶ グループホームでも
居宅介護が利用できる
特例があります。

住む

PART 4 住むこと をお手伝いするサービス

入所施設はどんな場所?

ポイントはここ

- ☑ 入所施設では、大きな建物で **たくさんの人が暮らす**
- ☑ 昼間は **別の施設に通うことも** できる
- ☑ おもに **障害の重い人が利用** する

入所施設は、どんな場所なんですか?

▶ **入所施設は、障害のある人たちが 支援を受けながら暮らす場所です。**
50人から100人くらいの障害のある人が大きな建物で、一緒に暮らします。

▶ たくさんの職員がいて、食事やお風呂、トイレなど、生活に必要な支援を受けることができます。

▶ 入所施設では、昼間も同じ施設で過ごす人が多いです。
希望すれば、昼は別の施設などに通うこともできます。
どちらの場合も、夜や休みの日は入所施設で生活します。

入所施設は、どんな障害がある人が利用するの?

▶ **入所施設で暮らすのは、おもに障害の重い人たちです。**
障害の軽い人は、いろいろな理由で入所施設でなければ暮らせないと市町村が認めれば利用できます。

▶ ほかにも、**病気の治療を受けながら暮らす人のために** 療養介護というサービスもあります。

障害支援区分による、利用の制限があります

	施設入所支援	療養介護
区分	区分4以上 （50歳以上の人は区分3以上）	区分5以上 （ただし条件つき）
利用のしかた	昼間は別の場所に通うこともできます 	昼も夜も同じ施設で過ごします 

住む

入所できる人の特例

やむを得ない事情がある場合に限って、
区分「3」以下の人でも利用できます

PART 4　住むことをお手伝いするサービス

グループホームって何？

ポイントはここ

- ☑ グループホームでは **必要な支援を受けながら、暮らすこと** ができる
- ☑ 昼間は **仕事をしたり、ほかの施設に通ったり** する
- ☑ グループホームでの **過ごし方は、自分で決める**

グループホームは、どんな場所なんですか？

▶ **グループホームは、障害のある人たちが支援を受けながら暮らす場所です。**
建物は 少し大きめの一軒家や専用の建物が 使われます。
障害のある人たちが 何人かで一緒に暮らします。

▶ グループホームには 支援者がいて、食事を作ってくれたり、相談にのってくれたりします。
また、食事やお風呂、トイレなど、生活に必要なことも 手伝ってくれます。

グループホームでの生活は、どんなもの？

▶ いつ お風呂に入るか、食事をどこで食べるか、休みの日をどう過ごすかなど、グループホームでは 自分の生活のことは 自分で決めます。
▶ 一緒に暮らす ほかの人や支援者、家族などと話しあいながら、自分にあった生活のしかたを 見つけることができます。

▶ グループホームで暮らす人は、昼間は、会社などで働いたり、通所の施設に通ったりします。

グループホームの対象者やサービス内容

対象となる人

毎日の生活にお手伝いが必要な人は
障害支援区分に関係なく対象となります。
区分が重いと支援する職員が
増えるしくみになっています

サービスの内容

一軒家やアパートなどに
10人以下で一緒に暮らします。
障害支援区分が重い人には、
お風呂や着替え、食事やトイレなどの介助をします

障害の重い人でも
軽い人でも
利用できます

住む

PART 4 住むこと をお手伝いするサービス

グループホームでの暮らし

ポイントはここ

- ☑ **プライバシー**は、守られる
- ☑ 家賃は、**自分で支払う**
- ☑ グループホームには、**いくつか種類がある**

ほかの人と一緒に暮らすのは、少し心配です

▶**グループホームは、自分の家です。**
プライバシーは 守られます。
ほかの人が 自分の部屋へ
勝手に 入ってきたりはしません。
お風呂も 時間をわけて
自分だけで入ることが 多いです。
▶グループホームは自分の家なので、
家賃は 自分で支払います。
収入が少ない人は、
家賃の補助をもらうことができます。

グループホームは、どこも同じなんですか?

▶グループホームには
さまざまな種類があります。
▶**日中サービス支援型グループホーム**には、
昼も夜も 職員がいるので、
昼間も 過ごすことができます。
重い障害のある人や年を取った人など、
ゆっくり過ごしたい人向けです。

▶**サテライト型**では
一人暮らしに近い生活ができます。
グループホームから離れた
マンションなどで暮らしながら、
食事だけ グループホームで食べたり、
困ったときだけ グループホームの
職員に手伝ってもらったり できます。

グループホームの家賃や暮らし方など

家賃

自分で住む部屋の家賃は
自分で支払います。
最近はグループホーム専用の
建物を新しく
建てることが多いので、
家賃も高くなっています

住民税がゼロの
人を対象に、
月1万円の
家賃補助があるよ

利用のしかた

昼間は会社や通所のサービスに通います。
日中サービス支援型のグループホームでは、
昼間もホームで過ごすことができます

サテライト型とは？

本体のホーム　　　**サテライト**

利用できる期間は
2年くらいです

20分以内で
移動できる距離ならOK！

PART 4 住むこと をお手伝いするサービス

移行支援住居って何？

ポイントはここ

- ☑ **一人暮らしを目指す**人が使う、グループホームがある
- ☑ 2〜3年の間で、**一人暮らしに向けた準備**をする
- ☑ 2024年から始まったしくみなので、**数は少ない**

いつか一人暮らしをしてみたいのですが……

▶サテライト型グループホーム以外に**一人暮らしの練習をするためのグループホーム**もあります。
「移行支援住居」と呼ばれるグループホームです。
▶移行支援住居では、一人で食事を作ったり、掃除や洗濯をしたり、お金の管理をしたり、生活の体験や練習をすることで、一人暮らしをする力を身につけるようにします。

一人暮らしが難しくなったら？

▶移行支援住居は3年間くらいしか利用できません。移行支援住居を出て一人暮らしをしてみたけれど、うまくいかなかった場合などは普通のグループホームに戻ることもできます。
▶移行支援住居は2024年にできた新しいサービスです。まだ、みなさんの住んでいる地域にはないかもしれません。

移行支援住居のサービス内容

対象となる人

グループホームで
一人暮らしをするための
準備ができたら、
グループホームを出て、
一人暮らしをしようと考えている人

グループホームも
いいけど、そろそろ
一人暮らしが
したいなあ

サービスの内容

一人暮らしができるようになるために、
通常のグループホームで行うサービスとは別に、
次の2つの支援をします

支援 ❶

食事づくりや掃除・洗濯、
お金の管理などが
一人でもできるか、
お手伝いが必要かどうかを
チェックする

支援 ❷

グループホームを
出た後に住む、
新しい住まいを一緒に探す

利用できる期間は 最大で3年間くらいです

▶ 一般のグループホームでも、一人暮らしに向けた支援を受けることができます。

住む

PART 4 住むこと をお手伝いするサービス

ヘルパーを利用した生活はどんなもの？

ポイントはここ

- ☑ ヘルパーは、自分の **家に来てくれるサービス**
- ☑ 食事づくりや掃除などを支援するのが、**家事援助**
- ☑ トイレやお風呂などを手伝ってくれるのが、**身体介護**

誰かが家に来て、手伝ってくれるサービスはありますか？

▶**障害のある人が暮らしている家にヘルパーが来て、生活に必要なことを手伝ってくれるサービス**があります。
居宅介護（ホームヘルプ）といいます。
▶居宅介護のヘルパーは、30分から1時間くらいの間に必要なことを手伝ってくれます。
1日に来てもらえる時間や、1カ月に来てもらえる回数などは、居宅介護の事業者と契約して決めます。

ヘルパーは、どんなことを手伝ってくれるの？

▶ヘルパーは、生活に必要なことを手伝ってくれます。
食事づくりや掃除、買い物など**家事を手伝う居宅介護のサービスを家事援助**といいます。
ヘルパーが障害のある人の代わりに家事をすることもありますし、障害のある人と一緒に家事をすることもあります。
▶お風呂やトイレなどを使うときに手伝う居宅介護のサービスを**身体介護**といいます。
障害のある人の体を支える支援や、着替えたりするときの支援をします。

利用できる人は？

障害支援区分
「1」以上の人が利用できます

サービスの内容

家事援助

家の洗濯や掃除などの
お手伝いなどをします

身体介護

着替えや食事の
お手伝いなどをします

住む

PART 4 住むこと をお手伝いするサービス

さまざまな ヘルパーのサービス

ポイントはここ

- ☑ 通院や役所の手続きに、**つきそってくれるサービス**もある
- ☑ 障害の重い人などは、**重度訪問介護を使うことができる**
- ☑ 重度訪問介護は、**行動障害のある人も利用できる**

ヘルパーは、出かけるときには、手伝ってくれないの？

▶病院で診察を受けるときや
役所の手続きに つきそってくれる
居宅介護のサービスもあります。
これを 通院等介助 といいます。
たとえば病院で診察を受けるときには
医師の話を 一緒に聞いて、

わかりやすく 説明してくれます。
福祉施設を見学するときにも
通院等介助を使うことができます。
▶遊びや用事で 出かけるときには
移動支援 というサービスを
使うことができます（102、103ページ）。

もっと長い時間、ヘルパーにつきそってもらう場合は？

▶手足が不自由で寝たきりの人や、
重い行動障害がある人は
重度訪問介護 というサービスを
使うことができます。
重度訪問介護のヘルパーは、
居宅介護のヘルパーより

長い時間 つきそってくれます。
▶重度訪問介護は 身体介護、
家事援助、外出のつきそいを
組み合わせて使うことができます。
重い障害のある人が 一人暮らしを
するときも 支援してくれます。

いろいろなサービス

通院等介助

病院へ通うときや
福祉サービスの見学をするとき
などにつきそいをします

▶ そのほか、役所での手続きに行くときのつきそいもできます。

重度訪問介護

身体介護・家事援助・
外出つきそいなどを
組み合わせて利用できます

▶ 障害支援区分「4」以上の人が対象です。

住む

PART 4 住むこと をお手伝いするサービス

ショートステイってどんなもの？

ポイントはここ

- ☑ 何日か施設で泊まるサービスを、**ショートステイ**という
- ☑ **家族が病気だったり、用事があるとき**に使う
- ☑ **家族と離れて暮らす練習**にも 使える

ショートステイとは、どういうサービスですか？

▶2〜3日くらいの短い期間、施設に泊まるサービスを**ショートステイ（短期入所）**といいます。
ショートステイは、入所施設やグループホームと同じ建物で行われていることが多いです。
▶食事やお風呂、トイレなど生活に必要なことは職員が 手伝ってくれます。

どんなときに、使えるの？

▶ショートステイを使う理由はさまざまです。
一緒に暮らしている家族が病気になったり、用事があったりして家にいられないときに利用することが多いです。
家族が 障害のある人の支援から離れて少し休みたいときにも 利用できます。
▶ショートステイは、障害のある人が家族と離れて暮らす練習のためにも使うことが できます。
自分の家ではない場所で家族と別々に暮らすのに 慣れてから、グループホームに移る人もいます。

利用できる人は？

障害支援区分
「1」以上の人が
利用できます

どんなときに利用する？

さまざまな理由で
利用することができます

家族の急な病気や
家族がほかのきょうだいと過ごす時間が
必要なとき

条件を満たせば、
通所タイプの施設でも
受け入れることができます

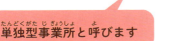
単独型事業所と呼びます

住む

PART 4 住むこと をお手伝いするサービス

自立生活援助とは？

ポイントはここ

- ☑ **自立生活援助**という、地域で暮らす人向けのサービスがある
- ☑ 問題なく生活できているか、**定期的に見回ってくれる**
- ☑ 問題があるときは、**解決方法を一緒に考えてくれる**

自立生活援助とは、どんなサービス？

▶ **自立生活援助**は、地域で暮らしている障害のある人の家を訪問して、掃除や洗濯、食事などが問題なくできているかどうか定期的に見回って確認し、**問題があるときには、解決方法を一緒に考えてくれるサービス**です。

▶ たとえば一人暮らしをしていると、部屋が片付けられないことがあります。自立生活援助は、そのようなときに家までやって来て、どうすれば一人で部屋を片付けられるか、本人と一緒に考えます。

自立生活援助は誰が使えるの？

▶ 自立生活援助を使うことができる人は入所施設や精神科病院や自宅を出て、地域で自立生活をしている人です。一人暮らしの人が多く使っていますが障害のある人が結婚して2人以上で暮らしていても対象になることがあります。

▶ 自立生活援助を使える期間は1年です。ただし、市町村でもっと長く使う必要があると認められた場合には2年、3年と使うこともできます。

家を訪問して一緒に考えます

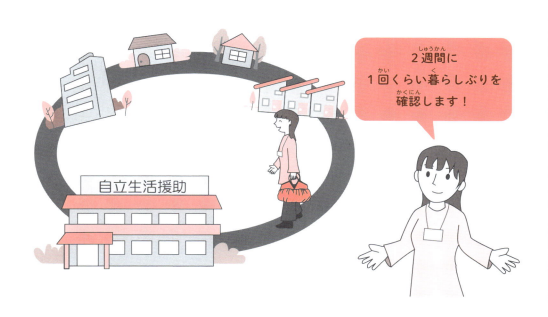

2週間に1回くらい暮らしぶりを確認します！

自立生活援助の支援内容

ゴミの分別ができなくて部屋が汚れてしまいました

自立生活援助の職員がゴミの分別方法を本人と一緒に考えます

自分でゴミを分別できるようになり、部屋も片付きました！

住む

COLUMN 3

「障害者権利条約」について知りたい

障害者権利条約（権利条約）とは、2006年に国際連合（国連）でつくられたルールのことです。
国連は世界中のいろいろな国が参加している組織で、日本も参加しています。
障害のある人が地域で暮らしていくためには、お手伝いが必要です。
毎日の暮らしには福祉サービスが必要ですし、学校で勉強するためには障害のことをよくわかっている先生がいないと心配です。
会社で働くときにも、わかりやすく仕事を教えてくれることが大切ですね。
暮らしていくためのお金も必要でしょう。権利条約は、そういうお手伝いの方法やしくみについての考え方を決めています。

日本は2014年に条約の批准（条約の仲間入り）をしました。
ですので、日本の国内でも権利条約の考え方を大切にしなければなりません。
権利条約で決められていることを少しご紹介します。

障害のある人をいじめたり、差別したりしてはいけません。
障害のことをたくさんの人に知ってもらえるようにします。
どこで誰と暮らすのかは、障害のある人が決めます。
必要なお手伝いを受けながら、住んでいる地域の学校へ通えるようにします。
自宅であっても施設であっても、自分の秘密は守られます。
できるだけ、福祉サービスの施設ではなく一般の会社で働けるようにします。

条約を批准した国は、国連からのチェックを受けることになっています。
日本も2022年にチェックを受けました。そして、国連からは入所施設や特別支援学校をなくすように、強く言われています。
日本はこれからどうしていけばいいのか、考えていく必要があります。

PART 5

通う・働くをお手伝いするサービス

PART 5 …… 通う・働く をお手伝いするサービス

昼間に通って活動するサービス

ポイントはここ

- ☑ 昼間に集まって、**さまざまな活動をする施設**を、**通所施設**という
- ☑ 障害の重い人が通って、**支援を受けながら活動する場所**は、**生活介護**という
- ☑ 会社で働く練習や、**支援を受けながら仕事ができる**、サービスがある

通所施設って、どんな施設ですか？

▶**障害のある人たちが 昼間に通って、さまざまな作業や活動をする施設を、通所施設**といいます。
ほとんどの通所施設は、平日の昼間だけ通います。
知的障害のある人の多くは学校を卒業した後、通所施設を利用しています。

通所施設には、どんな種類があるの？

▶通所施設には、大きくわけて2つのサービスがあります。
一つは、**生活介護**というサービスです。
昼間の活動に必要な支援を受けたり、作業や活動をしたりする施設です。
障害の重い人が多く利用しています。
▶もう一つは、会社で働くための練習や、支援を受けて 仕事をするサービスです。
こうしたサービスは、**就労移行支援**、**就労継続支援A型・B型**など、細かく種類がわかれています。
▶ほかにも、生活する力をつけるための**自立訓練**や地域によっていろいろな活動をする**地域活動支援センター**が あります。

| 種類❶ | 生活介護 |

日常生活に
お手伝いを必要とする人が
利用します

| 種類❷ | 就労移行支援・就労継続支援 |

仕事をするための
力をつけて、
働きたい人が利用します

| その他 | 自立訓練・地域活動支援センター |

自立訓練は、
生活する力を高めたい人が利用します。
地域活動支援センターは、
市町村が実施する通いの場で、
地域の状況にあわせて
いろいろな活動をしています

通う・働く

PART 5 通う・働く をお手伝いするサービス

生活介護って何？

ポイントはここ

☑ 生活介護は、**おもに障害の重い人が利用**する

☑ 必要な支援を受けながら、**軽い作業などを行う**

☑ 自宅まで**送り迎えしてくれる**ことが多い

生活介護とは、どんなサービスですか？

▶生活介護は、
おもに障害の重い人が利用します。
施設に行って、支援者に
**トイレやお風呂、食事、健康管理などを
手伝って**もらいます。
▶活動は施設によって違いますが、
かんたんな作業や仕事をしたり、
音楽を聴いたり 運動したり
いろいろな活動をします。
また、トイレや歯みがき、料理など
生活に関係することの練習を
することもあります。

障害の軽い人は、利用できないの？

▶生活介護を利用できるのは、
障害支援区分が 3 以上の人です。
50歳以上の人は、
区分 2 でも利用できます。
ただし、入所施設で暮らしながら
生活介護を利用する場合は
区分が 4 以上（50歳以上の人は 3 以上）
でないと使えません。
▶障害の重い人が利用するので、
施設に行くときと帰るときには
施設のバスなどで、
送り迎えしてもらえることが 多いです。

こんなサービスを受けられます

食事やお風呂、
トイレなどの
お手伝いをします

軽い作業（お仕事）や
運動、生活するための
力を高める
プログラムなどを
行います

障害支援区分による、利用の制限があります

通いの場合は

区分3～6

施設に入所しながら使う場合は

区分4～6

▶ 50歳以上の場合は区分2から（施設に入所しながら使う場合は区分3から）使えます。

通う・働く

PART 5 通う・働く をお手伝いするサービス

自立訓練って何?

ポイントはここ

- ☑ 自立訓練は、**生活する力をつけるお手伝い**をするサービス
- ☑ 知的障害のある人は、**生活訓練という種類のサービスを利用**することが多い
- ☑ 生活訓練を**利用できるのは、2年か3年**

自立訓練は、どんな人が使うサービスなのですか?

▶ 自立訓練とは、障害のある人が 地域で暮らす力をつけるために 生活に必要なことを 練習するための サービスです。

▶ おもに 身体障害のある人が使う 機能訓練と、 知的障害や精神障害がある人が使う 生活訓練 があります。

生活訓練では、どんなことをするの?

▶ 掃除や洗濯、料理、買い物など 生活に必要なことを 練習します。

そのほか、バスや電車の乗り方、 お金の管理、相手の話を聞くこと、 自分のことを伝えること など、 いろいろなことを 練習します。

▶ 自立訓練は 生活のために必要な力を つけることが 目的です。

利用できるのは 2年間か 3年間と 決まっています。

▶ また、施設で暮らしながら利用できる 自立訓練もあります。 これを宿泊型自立訓練と呼びます。

そのほかにも、職員が 家まで来て 支援してくれる 自立訓練もあります。

自立訓練は、2種類あります

機能訓練
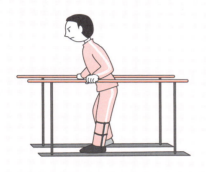
おもに身体障害のある人が使う

生活訓練

おもに知的障害や精神障害のある人が使う

自立訓練の利用目安　約2年

▶ 最大で1年延長できます。

通所で利用する方法のほか、入所や訪問による利用もできます

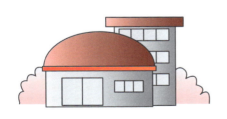
入所による利用

訪問による利用もOK!

PART 5 通う・働く をお手伝いするサービス

就労移行支援って何?

ポイントはここ

- ☑ **就労移行支援**は、会社などで働きたい人が利用する
- ☑ 仕事をするために、**必要なことを 練習する**
- ☑ 実際に 会社に行って、**仕事を体験する**こともある

就労移行支援とは、どんなサービスですか?

▶ 会社などで働きたい人が
就職できるように
支援するサービスの一つです。
施設に通って、働く力をつけるための
さまざまな練習をします。
▶ たとえば、あいさつなど

仕事に必要な話し方を 教わったり、
パソコンの使い方を習ったりします。
働きたいと思った会社へ 支援者と
一緒に見学することもあります。
何をするかは 施設によっても
ちがいます。

そのほか、どんなことをするの?

▶ 実際に 会社や工場などに行って、
働く練習もします。
これを、実習といいます。
実習することで、
その仕事が 自分に合っているか、
やってみたいと思えるか、

確認できます。
▶ 就労移行支援は、
働くのに必要な力をつけることが
目的です。
利用できるのは
2年間か 3年間と決まっています。

どんなことをするの？

仕事に必要なあいさつやマナーを
身につけるお手伝いをします

実際に会社の仕事を体験することができます

就労移行支援の利用目安　約2年

▶ 最大で1年延長できます。

PART 5 ……… 通う・働く をお手伝いするサービス

就労継続支援A型って何?

ポイントはここ

- ☑ **就労継続支援**は、支援を受けながら働く施設
- ☑ A型では、会社のように**施設と働くための契約を結ぶ**
- ☑ 会社とは違い、**苦手なことは支援者が手伝ってくれる**

「継続」? 「A型」? またまた難しいですね

▶ **就労継続支援は、会社などで仕事をするのは難しい人が通う施設です。**
支援者に手伝ってもらいながら
働くための力を 身につけます。
就労継続支援には
A型とB型があります。

▶ このうち **就労継続支援A型** は、
会社と同じように
働くための契約(雇用契約)を施設と結んで 仕事をします。
そして、会社と同じように
給料をもらいます。
仕事の内容は、
施設などによって 変わります。

会社で働くのと 何がちがうの?

▶ A型は会社で働くのに似ています。
ただし、会社とちがって
仕事するときに困ったことを
支援者が手伝ってくれます。

▶ 利用の期間に 決まりはありません。
ただし、会社で働く力が ついてきたか
利用している間に ときどき
確認することになっています。

就労継続支援A型とは

仕事の内容

会社と同じように仕事をします

雇用の契約

働くための契約（雇用契約）を結びます
仕事している間のけがなどには、労働災害（労災）が認められます

働く時間の長さによっては、
会社の健康保険や厚生年金へ加入します

給料

雇用契約を結んでいるので、
地域ごとに決められた最低賃金
（最低でも払わなければならない給料）以上の
給料を受け取ることができます

給料は、時間単位で払われる「時給」の場合と、
月単位で払われる「月給」の場合があります

> 会社で働く力が
> ついてきたかどうか、
> 3年に1回は
> 就労選択支援（96ページ）を
> 使って確認するように
> 提案されます

通う・働く

PART 5 通う・働くをお手伝いするサービス

就労継続支援B型って何？

ポイントはここ

- ☑ **就労継続支援B型**も、支援を受けながら働く施設
- ☑ 就労継続支援A型よりも、**軽い作業が多い**
- ☑ 働くための**契約は結ばない**

就労継続支援には、「B型」もあるんですね

▶就労継続支援B型も、
A型と同じように 支援を受けながら
さまざまな 作業や仕事をします。
▶B型は、A型よりも 障害の重い人が
利用することが 多いです。
作業も A型より軽いものが中心です。
どんな作業をするかは
施設によって ちがいます。

B型も、給料をもらえるの？

▶B型で作業する人は
会社やA型とちがって、
働くための契約（雇用契約）は
結びません。
そのため、給料のかわりに
工賃というお金をもらいます。
▶工賃が いくらもらえるかは、
作業の内容などによって 変わります。

ただし、会社やA型でもらう給料より、
工賃のほうが 安くなっています。
▶利用の期間に 決まりはありません。
ただし、A型と同じように
その人が 会社などで
働く力が ついてきたかどうか
ときどき確認することに
なっています。

就労継続支援B型とは

仕事の内容

軽い作業を中心に行います

雇用の契約

働くための契約（雇用契約）は結びません

労災や会社の健康保険、厚生年金などには加入できません

給料

雇用契約を結んでいないので、
給料ではなく工賃（作業工賃）を受け取ります

作業工賃は施設や作業の内容によって大きく異なります

通う・働く

会社で働く力がついてきたかどうか、3年に1回は就労選択支援（96ページ）を使って確認するように提案されます

PART 5 通う・働く をお手伝いするサービス

就労選択支援って何?

ポイントはここ

- ☑ **就労選択支援**という、新しい福祉サービスができる
- ☑ 働く希望がある障害者の**状態をチェックするサービス**
- ☑ スタートするのは**2025(令和7)年10月から**

就労選択支援ってどんなサービス?

▶**就労選択支援は、会社などで働きたい障害者の状態をチェックして、その人に合った進路を提案するサービスです。**
本人と面接してから、実際に作業をして得意、不得意を整理します。
そして、話しあって、進路を提案します。

▶提案される進路は、会社で働く、就労移行支援で働くための訓練をする、会社で働くのは難しい場合には、就労継続支援A型やB型に通うなどの種類があります。

就労選択支援はいつから始まるの?

▶就労選択支援は
新しいサービスなので
準備しないと始めることができません。
そこで、2025(令和7)年10月から
スタートすることになっています。
▶就労選択支援を使う期間は、

最大でも1カ月くらいになります。
また、優先的に使う対象は
就労継続支援A型・B型を初めて
使う人になる予定です。
そのため、特別支援学校を卒業する
人が使う機会が増えるでしょう。

働きたい場合の進路を提案します

就労選択支援でやること

本人と面談して希望を聞きます

実際の作業を通じて状態を確認します

本人、関係者で話しあって進路を提案します

PART 5 ……通う・働く をお手伝いするサービス

地域活動支援センターと日中一時支援

ポイントはここ

- ☑ **地域活動支援センター**は、昼間にいろいろな活動を行う場所
- ☑ **日中一時支援**は、日帰りで短い時間を施設で過ごすサービス
- ☑ どちらも、利用するための**ルールは、市町村が決める**

そのほかに、どんな通所施設がありますか？

▶地域活動支援センターや日中一時支援というサービスがあります。

▶**地域活動支援センター**は、昼間にいろいろな活動を行う場所。働いている人が仕事帰りに集まる場所として利用されることもあります。

▶**日中一時支援**には、休みの日や学校の放課後、通所施設が終わった後などに、障害のある人や子どもが通います。

ほかの通所施設と 何がちがうの？

▶地域活動支援センターも日中一時支援も市町村が行うサービスです。どんな人が利用できるか、1カ月に何回まで通えるかなどは、市町村が決めることになっています。

▶このため、地域活動支援センターも日中一時支援も、活動の内容や利用するためのルールが市町村によってちがいます。

地域活動支援センターとは

障害のある人たちが
集まって
さまざまな活動をする
場所です

日中一時支援とは

おもに学校の放課後や
夏休みなどに日帰りで
過ごしたり、
生活介護や
就労継続支援B型が
終わった後に過ごしたりする
場所として使われています

市町村がサービスの使い方を決めます

同じ地域活動支援センターや
日中一時支援でも
利用できる時間や
使える回数などに
違いがあります

ここの市では
月に7回まで
使えますよ

PART 5 …… 通う・働く をお手伝いするサービス

「出かける」ことを支援するサービス

ポイントはここ

- ☑ 出かけるときに、**ヘルパーがつきそってくれる**サービスがある
- ☑ ヘルパーがつきそうサービスは、**いくつか種類がある**
- ☑ どのサービスを利用できるかは、**障害の内容などで変わる**

出かけるときに、つきそってくれるサービスはないの？

▶一人で移動することが難しい場合にヘルパーが外出につきそってくれるサービスがあります。
休みの日に遊びに行くときや、役所に手続きに行くとき、みんなで集まったりするときなどに一緒に出かけてくれます。
▶**移動支援**や**行動援護**、**同行援護**、**重度訪問介護**が、出かけるときにつきそってくれるサービスです。

出かけるときのヘルパーは、どんな人が使えるの？

▶どのサービスを使うかは、障害の内容や状態によって変わってきます。
知的障害のある人は、移動支援・行動援護・重度訪問介護の3つが対象になります。
▶**行動援護**は行動障害が重くてずっと見守ることが必要な人向けです。
重度訪問介護は手足に障害があったり、とても重い行動障害があったりして長い時間ヘルパーが必要な人のためのサービスです。
移動支援はどんな人が利用できるか市町村が決めることになっています。

出かけるときの支援は……

知的障害のある人は
「移動支援」「行動援護」
「重度訪問介護」が
対象になりますが、
それぞれ利用の条件があります

手足に重い障害のある人、目の不自由な人には……

重度訪問介護　　　　　**同行援護**

どんな時に使えるの？

遊びに行くときや、
役所へ手続きに
出かけるとき、
みんなで話しあいを
するときなどに使えます

通う・働く

PART 5 ……通う・働くをお手伝いするサービス

移動支援って何？

ポイントはここ

- ☑ 外出などのときに ヘルパーがつきそうのが **移動支援**
- ☑ 移動で難しいことがあれば、**ヘルパーが手伝ってくれる**
- ☑ 利用のルールは **市町村が決める**

つきそいのサービスは たくさんあってわかりづらいね

▶その中で、一番利用されているのは、移動支援です。
移動支援は、出かけるときにヘルパーが つきそってくれるサービスです。
バスや電車に乗るときや、買い物をするときなど、出かけた先で 困ったときに手伝ってくれます。

▶ふつうは、障害のある人1人にヘルパー1人がつきそいます。
地域によっては障害のある人2〜3人のグループにヘルパー1人が 付くこともあります。
ヘルパーが車を運転して移動してよい地域もあります。

便利そうだけど、好きなだけ使えるのですか？

▶移動支援は、市町村が行うサービスです。
誰が利用できるか、1カ月にどのくらい利用できるかなど、利用するためのルールは市町村が決めることになっています。
つきそってよい場所も市町村が決めます。

移動支援とは？

障害のある人が
出かけるときの
つきそいをする
サービスです

いろいろな支援のやり方があります

地域によっては
1人のヘルパーが
2〜3人を同時に支援したり、
車を使って移動したり、
いろいろなやり方があります

市町村がサービスの使い方を決めます

例えば

基本は月に
20時間までだけど、
最大で50時間まで
増やせます

利用できる時間は、
1人ずつ
決定しています

通う・働く

PART 5 通う・働く をお手伝いするサービス

行動援護って何？

ポイントはここ

- ☑ 行動障害が重い人の外出につきそうのが **行動援護**
- ☑ その人が落ち着いて、**安心して過ごせるように支援する**
- ☑ 外出だけでなく、**自宅などで一緒に過ごすことも**できる

行動援護は、どういうサービスなんですか？

▶**行動障害があり、ずっと見守りや介護が必要な人に ヘルパーが つきそうサービスです。**
その人が出かけるときに落ち着いて過ごせるように、支援していきます。

▶パニックなどでうまく出かけられないときには、自分の家で ヘルパーと一緒に過ごすこともできます。

移動支援と 何がちがうの？

▶行動援護のヘルパーは、行動障害を 理解して、なるべく落ち着けるような支援をしていきます。
そのため、ふつうのヘルパーよりもたくさんの経験や、専門的な知識を 身につけています。

▶行動援護を利用できるのは障害支援区分が３以上で、行動の面で特別な支援を必要とする人です。
移動支援を利用する人より障害が重い人を 対象にしています。

行動援護とは

行動面で特別な支援を
必要とする人の
見守りをするサービス

行動援護の
ヘルパーになるには、
知的障害のある人の支援に
関わった経験などの
条件があります

行動援護を使えるのはどんなとき？

お出かけ　自宅

お出かけのときでも自宅にいるときでも使えます

行動援護を利用できる人の条件は？

障害支援区分	3以上
行動面の聞き取り点数	10点以上

17歳までの子どもについては、支援区分の制限がありません。
行動面の状態が10点以上に相当する場合は、使うことができます

PART 6
障害のある子どもを支援するサービス

PART 6 障害のある子どもを支援するサービス

障害のある子ども向けの福祉サービス

ポイントはここ

- ☑ 障害のある子どもを、**支援する福祉サービス**がある
- ☑ おもなサービスは、**障害児通所支援と障害児入所施設**
- ☑ 一般の子育てサービスの利用も、増えている

障害のある子ども向けの福祉サービスは？

▶通所して発達支援を受けるサービス、専門の職員が幼稚園や保育園に出向いて支援するサービス

などがあります。
家庭で育てることが難しい場合には施設に入所することもあります。
代表的なサービスには
児童発達支援や放課後等デイサービス、保育所等訪問支援があります。

▶児童発達支援は、おもに学校に入る前の子どもが利用します。
放課後等デイサービスは学校に通っている子どもが、放課後や休日の活動場所として使っています。
保育所等訪問支援は、幼稚園や保育園、放課後児童クラブ（学童保育）などへ職員が出向いて支援します。

一般の子育てサービスの利用も増えているの？

▶障害児も一般の子育てサービスを利用する場合が増えています。

特に、保育園や学童保育では障害児を受け入れるようになってきています。

おもな障害児福祉サービス

障害児入所施設

長い期間の入所をする施設です

児童発達支援・放課後等デイサービス

障害児が通いで利用する施設です

保育所等訪問支援

幼稚園や保育園に出向いて支援します

一般の子育てサービスの利用も増えています

児童発達支援や放課後等デイサービス

利用できるのは障害児だけです

幼稚園・保育園・学童保育など

地域の子どもたちが利用しています

障害児サービスと一般の子育てサービスを共に使う場合も増えています

子どもを支援

PART 6 ……… 障害のある子どもを 支援するサービス

児童発達支援とは

ポイントはここ

☑ 障害のある子どもが通い、**発達支援を受ける福祉サービス**
☑ **児童発達支援センター**と、**児童発達支援事業**にわかれる
☑ 利用対象は、**学校に入る前の子ども**と**高校へ通っていない障害児**

児童発達支援とはどういうサービスですか？

▶**児童発達支援とは、通所による発達支援を行うサービス**です。
食事やトイレといった基本的な生活動作や、友達と遊ぶ際に順番を待つといった社会性などを身につける支援を提供しています。

▶**児童発達支援センター**は建物や職員の基準が法律で決められており、地域の中心となって障害児支援を進める役割を担っています。
児童発達支援事業は事業所の基準が緩やかなことから、全国各地に設置されており、身近な場所で通うことができるようになっています。

どんな子どもが利用できる？

▶児童発達支援の利用対象は0歳から17歳までです。
ただし、小学生から高校生までは放課後等デイサービスを利用します。

高校に通っていない障害児は、児童発達支援を利用することもできますが、受け入れている事業所はとても少ないという問題があります。

児童発達支援のサービス

児童発達支援

おもに学校に入る前の障害児を対象に、基本的な生活動作や、社会性などを身につける支援を行っています

2タイプある児童発達支援

児童発達支援センター

児童発達支援事業

児童発達支援センターは 設備基準や人員基準が厳しいです。
児童発達支援事業は 借家などでも運営することができます

利用できるのはどんな人？

児童発達支援の利用対象はおもに学校に入る前の子どもですが高校へ通っていない17歳までの障害児も利用できます

子どもを支援

PART 6 …… 障害のある子どもを 支援するサービス

放課後等デイサービスとは

ポイントはここ

- ☑ **学校に通う年齢の障害児が、放課後などに利用する**サービス
- ☑ **保護者が働く時間をつくるため**にも使える
- ☑ **事業所が一気に増えて**おり、整理が必要な状況

放課後等デイサービスとは、どういうサービスですか？

▶放課後等デイサービスとは
学校に通う年齢の障害児を対象として
放課後や休みの間の居場所になったり
発達支援を行うサービスです。
調理（おやつづくりなど）といった
基本的な生活スキルや、
卒業後の進路を見据えた
作業スキルなどを身につける
支援を行っています。

▶あわせて、
働いている保護者からは、
学童保育のように
働いている間の預かりという役割も
期待されています。
学校と施設、自宅までの
送迎もしています。

さまざまな放課後等デイサービスがあるの？

▶放課後等デイサービスは
ここ10年ほどで一気に
増えてきたため、さまざまなタイプの
事業所が目立つようになりました。

その中には、学習塾やスポーツ教室などと
見分けがつかない事業所もあります。
今後は、放課後等デイサービスとしての
役割が整理されることになっています。

自宅と学校の間に

小・中・高校　**放課後等デイサービス**　**自宅**

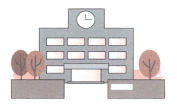  

学校や自宅とは違う活動場所です！

利用できるのはどんな人？

利用できるのは
小学生から高校生までです。
学校に入っていないと
利用できません

すべて放課後等デイサービスです

スポーツ中心　　発達支援中心　　学習中心

放課後等デイサービスと学習塾などとの整理がなされる見通しです

子どもを支援

PART 6 ……… 障害のある子どもを 支援するサービス

保育所等訪問支援とは

ポイントはここ

- ☑ 保育所等訪問支援は**専門職員が訪問**して支援する
- ☑ 訪問先は**幼稚園や保育園、学校や放課後児童クラブ**など
- ☑ 一般の子育てサービス利用を進めるためにも重要

保育所等訪問支援って何？

▶保育所等訪問支援は、幼稚園や保育園、学校や学童保育などに通っている障害児を対象に、保育士や理学療法士などの専門職員が現地へ出向いて支援するサービスです。
▶出向いた先では、障害児への個別支援のほか、幼稚園や保育園などの職員に対して 本人への関わり方などを助言する役割もあります。
障害児が定期的に利用する場所であれば、子育てサークルや認可外の保育園なども対象となります。

一般の子育てサービスの利用の後押しになる？

▶障害児が一般の子育てサービスを利用する際には、受け入れる施設に加配制度（116ページ）などが用意されていますが、慣れていない施設では、障害児への対応に専門職員のサポートが必要となります。
▶そのような時、保育所等訪問支援がサポートできれば、障害児を受け入れる幼稚園や保育園、学童保育などが増えていくことでしょう。

どんなサービス？

専門職員が幼稚園や保育園などへ出向いて支援します

専門の職員がサポートします

保育所等訪問支援のおもな支援

障害児への個別支援を行います

訪問先の職員へ障害児への対応方法などを助言します

障害児が穏やかに過ごせる環境設定を提案します

子どもを支援

PART 6 障害のある子どもを支援するサービス

一般の子育てサービスの利用が、増えているの？

ポイントはここ

- ☑ **障害児の、一般の子育てサービス利用**が増えている
- ☑ 特に**幼稚園・保育園の利用**が、増えている
- ☑ 一般の子育てサービスの利用を、**後押しする制度**もある

一般の子育てサービスにはどんなものがある？

▶障害児には多くの支援が必要ですが障害児専用のサービスばかりを使っていては、地域との関わりが少なくなってしまいます。

そのため、できるだけ一般の子育てサービスを利用できるように支援しています。

▶障害児が利用するおもな一般の子育てサービスには、幼稚園、保育園、放課後児童クラブ（学童保育）などがあります。

一般の子育てサービスについての制度がある

▶障害児が一般の子育てサービスを利用する際には、いくつかの支援制度があります。
幼稚園や保育園には、**加配制度という障害児を支援する専門の職員を追加配置する制度**があります。

学童保育には、障害児を受け入れた際に運営費が加算される制度があります。
▶また、障害児サービスの事業所では、できるだけ一般の子育てサービスを利用できるよう、**保育所等訪問支援**を行ったりしています。

地域の子どもたちと一緒に

児童発達支援

幼稚園

一般の子育てサービスの利用も増えています

一般の子育てサービスを利用するための支援制度

加配制度　　学童保育

障害児を受け入れるための加配制度や補助制度があります！

▶ そのほか、保育所等訪問支援（114、115ページ）を利用することもあります。

COLUMN 4

医療的ケア児支援法

障害のある人や子どものなかには、病気のために自分で息をすることができない人や、口から食べることができない人がいます。
口から食べられない場合には、必要な栄養をチューブで体の中に入れるお手伝いが必要となります。こうしたお手伝いを「医療的ケア」と呼びます。
病院でいろいろな病気を手当てできるようになり、今まで助けられなかった病気の子どもを助けられるようになりました。とても良いことなのですが、助かった後に、医療的ケアが必要な子ども（医療的ケア児）が増えています。
そこで、医療的ケア児や家族を手助けするため、2021年に始まったのが、「医療的ケア児及びその家族に対する支援に関する法律」（以下、医療的ケア児支援法）です。
医療的ケア児支援法のおもな内容は、次のとおりです。

① 医療的ケアとはどういう状態か、はっきりさせる
② 医療的ケア児のことを、みんなで支えていくことを決める
③ 医療的ケア児が保育園や学校に通えるようにお手伝いする
④ 医療的ケアに関するいろいろなことを相談できる「医療的ケア児支援センター」という相談窓口を全国につくる
⑤ 医療的ケアに関するいろいろなお手伝いをする「医療的ケア児コーディネーター」をたくさん育てる

医療的ケア児支援法ができたおかげで、看護師さんを置いて、医療的ケアができるようにした保育園や学校がたくさんあります。このおかげで医療的ケア児が、保育園や学校へ通えるようになりました。
医療的ケア児支援法は、子どもだけを対象としています。しかし、子どもは必ず大人になりますから、これからは医療的ケアが必要な大人へのお手伝いが必要になるでしょう。

おわりに

　本書を最後までお読みいただき、ありがとうございました。

　本書は、『あたらしいほうりつの本(2014年版)』を全面的に見直して、タイトルも変更したものです。

　『あたらしいほうりつの本(2014年版)』では、ヘルパーや通いのサービス、グループホームといった障害福祉サービスのこと、生活のために必要なお金のこと、病院で支払う医療費の補助のことなどを取り上げました。

　その後、制度がいくつか見直されたこともあり、本の構成も見直して『あたらしいほうりつの本(2018年版)』を発刊しました。おかげさまで、今まで2万5千冊以上の販売実績となっています。多くの方にお読みいただき、本当にありがとうございます。

　障害のある人が地域で暮らしていくためには、いろいろな支援(お手伝い)やサービスを上手に使うことが大切です。ただ、多くの制度は、住んでいる市町村の役所で手続きをして、決定を受けないと使うことができません。そして、どういう制度やサービスがあるのかは、できるだけ自分で調べる必要があります。

　本書でも、今までどおりに障害のある人が地域で暮らしていくために必要なサービスを、できるだけわかりやすく紹介するように心がけました。

　障害のある人が障害福祉のサービスを上手に使っていくために、この本を活用していただければ幸いです。

　なお、本書は2024年3月現在の状況に基づいています。

さくいん

あ行

移行支援住居……………………72、73
移動支援………………… 62、100-103
医療的ケア児支援法 ………………118

か行

介護給付 ………………… 40、41、60
家事援助 ……………………… 74、75
加配制度 ………………………… 116
協議会 ………………………… 56、57
共同生活援助→グループホーム
居宅介護（ホームヘルプ）… 60、65、74
グループホーム ………… 61、65、68-73
　サテライト型 ………………… 70、71
　日中サービス支援型 ………… 70、71
訓練等給付 ……………… 40、41、61
行動援護 ………… 60、100、101、104、105

さ行

サービス等利用計画 …………… 50、51
支援 ………………………………… 38
施設入所支援 …………… 60、65、67
児童発達支援 ………………110、111
児童発達支援事業 ……………110、111

児童発達支援センター ………110、111
重度障害者医療費助成制度 …… 32、33
重度訪問介護 …… 60、76、77、100、101
就労移行支援 ……… 61、84、85、90、91
就労継続支援 ………… 61、84、85、92
就労継続支援A型 …………… 92、93
就労継続支援B型 …………… 94、95
就労選択支援 ………………… 96、97
障害基礎年金 ……………18、20、21
　金額 ……………………… 22、23
　手続き …………………… 24、25
　不服申立 ………………… 26、27
障害厚生年金 ………………… 20、21
障害支援区分 ‥44、45、86、87、104、105
障害児通所支援 …………………… 62
障害児福祉手当 ……………… 30、31
障害者権利条約 …………………… 82
障害者就業・生活支援センター …… 54、55
障害年金 ……………………… 18-21
障害福祉サービス
　利用者負担 ……………… 46、47
　利用のながれ ………………… 43
ショートステイ（短期入所）…… 60、78
自立訓練 ……… 61、84、85、88、89
自立支援医療 ………………… 32、33
自立生活援助 ………………… 80、81
身体介護 ……………………… 74、75

身体障害者手帳……………………… 6	入所施設………………………… 66
生活介護………………… 60、84-86	
生活保護……………………… 34、35	**は行**
精神障害者保健福祉手帳………… 6	
成年後見制度…………………… 36	発達検査……………………… 10、11
相談支援………… 48、49、52、62	ハローワーク……………… 54、55
相談支援専門員…… 42、48、50、51	福祉手当…………………… 18、19
	福祉手当（障害のある大人）……… 28
た行	福祉手当（障害のある子ども）…… 30
	保育所等訪問支援………… 114、115
短期入所→ショートステイ	放課後等デイサービス…… 112、113
地域移行支援………………… 52、53	ホームヘルパー…………… 64、65
地域活動支援センター…62、84、85、98、99	ホームヘルプ→居宅介護
地域障害者職業センター………… 54、55	
地域生活支援事業………… 40、41、62	**ま行**
地域定着支援………………… 52、53	
地域独自の福祉手当……… 29、30	モニタリング……………… 50、51
通院等介助………………… 76、77	
通所施設………………………… 84	**ら行**
特別児童扶養手当………… 30、31	
特別障害者手当…………… 28、29	療育手帳…………… 6-10、12、13
	種別…………………………… 8、9
な行	等級……………………… 8、9、11
	療養介護…………………… 65-67
日中一時支援……………… 98、99	

又村あおい（またむら・あおい）

1973年生まれ。成城大学を卒業して、神奈川県平塚市役所で働いていました。
2020年3月に市役所を辞めて、
4月から全国手をつなぐ育成会連合会に転職しています。
知的障害のある人や子ども、家族の暮らしが良くなるように、
がんばって仕事をしています。
ほかにも日本発達障害連盟の『発達障害白書』の編集長や、
内閣府や厚生労働省の、障害者に関する検討会の委員としても、活動しています。

障害のある人が使える支援
あたらしいほうりつの本 最新版
2024年8月30日 初版第1刷発行

著 者	又村 あおい
発 行 人	佐々木 桃子
発 行 所	一般社団法人全国手をつなぐ育成会連合会
	〒160-0023　東京都新宿区西新宿7-17-6　第三和幸ビル2F-C
	電話：03-5358-9274　FAX：03-5358-9275（代表）
イラスト	武井 陽子（本文）小池 アミイゴ（表紙）
デザイン	信田 千絵（エムクリエイト）
編 集	株式会社 にこん社
印刷・製本	創栄図書印刷株式会社

落丁・乱丁本はお取り替えいたします。
本書の一部または全部の複写（コピー）・複製・転載および電子データ化等の
無断複製は、著作権法上での例外を除き禁じます。

ISBN978-4-909695-05-5
©Aoi Matamura 2024
Printed in Japan